保育の事例で読みとく

3・4・5の発達

歳児

關 章信・兵頭惠子・髙橋かほる／監修

公益財団法人 幼少年教育研究所／編著

チャイルド本社

はじめに

　子どもは、ヒトとして発生し、発達の段階に沿って成長していきます。

　同じ年齢であっても子どもが示す姿はさまざまですが、子どものありのままの姿を観察することで、個性を超えた人の発達の"基準"となる姿が見えます。

　2～3歳児を例にとってみましょう。＜運動機能面＞では走る、よじ登る、コントロールされたなぐり描きをするなど、＜知的言語数量面＞では三語文で話す、形や色、長さや重さの概念の習得など、＜心理社会的面＞では、母親からの分離と個の認識、自己と他者の存在に気づく、などが発達の姿として見られます。このような発達を知ることは、子どもの育ちの流れを理解するうえで、重要な指標となります。

　ギリシャ時代より、教育の形態は教育効果の観点から、教師と集団・教師とグループ・マンツーマンの3つの形態がとられてきました。現代においても、この教育形態は生きています。保育の場でも保育者が担任するクラスは、個が集まって集団を形成しています。保育を展開するにあたって保育者は、集団としての子どもを観察しつつ、集団のなかでの個としての子どもも同時に観察しなければなりません。

　幼少年教育研究所の「発達と保育研究部会」では、幼稚園におけるクラス集団のなかでの3歳児の言動を、4月から翌年3月までの年間を通して観察・記録し、分析を進めました。その結果、年間における変容を以下の5つの期に分類しました。

1期　　不安と混乱期
2期　　自己発揮期
3期　　自己主張期
4期　　仲間意識期
5期　　自己充実期

　このように分類された期ごとの子どもが示す特徴的な姿を、各期に"特性"として命名しました。この発達の指標をもとに、一歩踏み込んで子どもの特性に応える環境を設定することで子どもの遊びが充実し、次の期の姿に移行していきます。

このように、５期に変化していく子どもの姿を理解することは、保育者にとってなぜよいのでしょうか？　それは以下の３点が考えられます。

①子どもが示すその期の姿をありのままの姿として受容できる。
　（保育者の不安感解消＋多様な育ちの理解）
②保育者が、子どもと強固な信頼関係を築くことができる。
　（個と集団との信頼関係）
③子どもの姿に沿った環境の設定や保育の援助を適切に考えることができる。
　（個と集団に対する援助）

　３歳児に続けて４歳児・５歳児も分析・分類を行った結果、期の移行時期には幅があるものの、１期〜５期にかけての変容が全年齢で同じように表れてきました。これらをまとめた表を「発達特性の変容」として１章（p.14〜19）に掲載しています。

　通常、子どもが次の発達段階に進むためには、子どものなかで準備（レディネス）が高まっていることが欠かせません。準備には個々別々の様相が見られますが、たとえその準備が停滞しているときでも保育者が発達特性を理解していることで、その時点での子どもへの援助が円滑に行えます。また、援助のタイミングの見極めや、より適切な環境の設定にもつながります。
　発達特性を理解し、押さえておくことで、例えば４歳児のクラス集団のなかで、発達上５歳児に近い子どもや３歳児に近い子どもがいても、保育者が不安に思うことなく子どもを受け入れ、その子にふさわしい環境を設定することができるでしょう。ベテラン保育者の経験知を生かした保育だけでなく、経験の少ない若い保育者も、特性を理解し応じることで、一人ひとりの子どもが充実した園生活を送るための援助ができます。
　子どもが１つの期を安心・充実して過ごし、次の期に移行していく姿を見るとき、保育者として手応えを確信することでしょう。保育の「醍醐味」がここにあります。

公益財団法人幼少年教育研究所　名誉理事長　關 章信

保育の事例で読みとく
3・4・5歳児の発達　Contents

2章　事例で見る　年齢別・期ごとの子どもの育ち

・本書の事例に登場する個人名は、全て仮名です。
・個人情報保護のため、写真を一部加工しています。
・本書の事例及び写真は、子どもの発達の特性が表れているものを紹介しています。
・遊びや道具・素材等の名称は、園で普段使われている呼称を使用しています。

3章　年齢別・期ごとの遊びや活動

1章

子どもの発達の見通しと
特性の変容

1章では、0〜5歳の年齢ごとの発達の見通しを
言葉・認識／身体機能／人間関係の視点で捉えたものと、
3〜5歳児の年齢ごとの1年間の発達特性の変容を
発達の期ごとの側面から捉えたものを、
見やすく掲載しています。

0〜5歳の 発達の見通し

0歳

言葉・認識
- 泣く
- 物をじっと見る
- 口を動かす
- 大人の表情や声に反応し、声を出す
- 泣いたり声を出したりして伝える
- 「あーあー」「うーうー」と相手の顔を見て声を出す
- 物に意味を見いだす
- 「ワンワン」「バイバイ」など物や動きと言葉が一致する
- 「ママ」「パパ」など簡単な言葉を理解する
- 大人の発音を聞く
- 絵や写真の名前に興味を示し、理解する
- 「だだだだ」「まんまん」など喃語が出る

身体機能
- 横を向く
- 両手を合わせる
- 首がすわる
- うつ伏せで首を上げる
- 寝返りをする
- 手のひらでつかむ
- ずりばいをする
- うつ伏せで後ずさりをする
- 手を伸ばして物をつかむ
- おすわりをする
- はいはいをする
- 容器に物を出し入れする
- 親指と人さし指で物をつまむ

人間関係
- だっこされると泣きやむ（安心）
- 大人の顔をよく見る
- 笑う
- 動く人を目で追う
- 目と目が合う
- うれしさを全身で表す
- 特定の人の声に反応する
- いないいないばあを喜ぶ
- 声を出して人を呼ぶ
- 人見知りが始まる
- 指さしをする
- 大人の視線の先を追って同じ物を見る（共同注視）
- してほしいことを動作で伝える

▶1歳

言葉・認識
- 「まんま」など一語文が出る
- 「どーぞ」「ちょうだい」など人と関わる言葉を使い、思いを共有しようとする
- 「いただきます」「ごちそうさま」などの動きと言葉が一致する
- 「ワンワン、いた」と二語文で話す
- 「いや」「だめ」「して」と自分の思いや要求を言葉にする

身体機能
- 高ばいをする
- つかまり立ちをする
- 伝い歩きをする
- ちぎる、破く、さく
- 一人で立つ
- 高ばいで段差を上り下りする
- 高さのある箱に片足を上げて入る
- しゃがむ
- なぐり描きをする

人間関係
- 目と目を合わせて意思を伝える
- バイバイに応える
- 簡単なわらべうたを喜ぶ
- 人見知りが強くなる（特定の人を求める）
- 動作をまねる
- 友達のしていることに興味をもつ
- 名前を呼ばれると返事をする

子どもの発達について、
おおまかに流れを見ていきましょう。

※子どもの発達には個人差があります。

▶2歳

- 興味がある物を知ろうとする
- おしゃべりが盛んになる
- 「これなあに」を繰り返す
- 声をかけられて理解しても、気持ちに合わないと知らんぷりする
- 「かして」に「だめよ」と答えるなど、いやな気持ちを言う
- 三語文が出る
- 大人のまねをして「かして」「いいよ」と言う
- 一人で話す（ごっこ遊びが始まる）
- 現実と想像の世界がわかり始める
- 「○○ちゃん」「○○先生」など、名前と人物が一致する
- 色の名称と物の色が一致する

- 積み木を高く積み上げたり、横に並べたりする
- のりで貼る
- 足をそろえてジャンプする
- 走り回る
- ボールを上手投げする
- クレパスや絵の具で描く
- 走る
- 歩行が安定する
- ハサミで一回切りをする
- 穴の形に合わせて物を入れる、落とす（目と手の協応）
- 高い場所に登る
- 歩きながら体を方向転換する
- 階段を上り下りする
- 上着を脱ぐ
- 着替えに協力する（首を曲げる、足を上げる）
- 3本指でスプーンを持つ
- 下手握りでスプーンを持つ
- 小走りをする
- つま先立ちをする
- 歩く
- 段ボール箱などを押し続ける

- おもしろいことを共有して笑い合う
- 「一緒に！」と友達と同じことをする
- わらべうたを保育者や友達と楽しむ
- 友達とイメージを共有する
- 友達の近くにいて、一人遊びをする
- 友達とやりとりをする
- お世話ごっこをする（されたことを再現する）
- 自分のしたい行動とできない現実にいらだつ
- 自分のやりたいことができないと怒る
- 見立てて遊ぶ（イメージする）
- かみつく、押すことがある
- 自分の場所と物に執着する

9

▶3歳

言葉・認識

- 靴の左右がわかる
- 「○○したら○○になった」など因果関係がわかって話す
- 数の理解が進む（一対一対応で5まで理解する）
- 「昨日」「今日」「明日」と言うが、時系列はわからない
- 相手（人）と会話する
- 友達の話を理解しようとして聞く
- 体調不良や気持ちの落ち込みを伝える
- 歌詞を覚えて繰り返し歌う
- 現実とファンタジーの世界を行き来する
- なんでもできるつもりになる
- 「○○した」など過去形を使う
- 物事のしくみを理解しようとする
- 「どうして?」「なぜ」が増える
- 「○○ちゃんはね」「○○はね」と自分のことを名前で話す
- 「ちがう…」と同意できないことを表す
- 「あのね、あのね、あのね」と話す言葉を見つけるために間がある
- 大小の区別がつく

身体機能

- ハサミで連続切りをする
- 片足でジャンプをする
- 前転をする
- ボタンをはめようとする
- 鼻をかむ
- クレパスで頭足人を描く
- ボールを下手投げする
- 排泄の自立
- 着脱の自立
- クレパスで円を描く
- 全身を使って走る
- 片足立ちをする
- 三輪車をこぐ
- 動く・止まるという緩急をつけた動きをする

人間関係

- 「ありがとう」「ごめんなさい」を納得して言う
- 自分の物と公共の物の区別をする
- 手伝いを喜ぶ
- 友達と一緒に共感し合うことを楽しむ
- 他者に認めてもらうことに喜びを見いだす
- 「見てて」のアピールを繰り返す
- 家族・友達・人の認識をする
- 同じ遊びを繰り返し楽しむ
- 友達と手をつなぐ
- 簡単なルールのある遊びを理解する

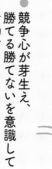

▶4歳

- 文字や数に興味をもち、読んだり書いたりしようとする
- せりふを覚えて話す
- 話を記憶し繰り返す
- 未来（明日、今度、大きくなったら）の概念がわかる
- 生活の一日の流れがわかる
- 言葉遊びを楽しむ（しりとり・なぞなぞ・早口言葉）
- 善悪の判断がつく
- 「うんうん」「そうだよね」と相手の思いを受け入れる
- 他者の困り感に気づき、周りの人に知らせる（おせっかいになる）
- 友達より優位に立とうとする
- 「だって」「でも」と自分の思いを言う
- 自分と友達の違いを認識し、差別化する（身長差、年齢差、誕生月）
- 「ばか」「うんち」と言い相手の反応を試す

次 お弁当だから片づけよう

- 簡単なあやとりをする
- 縄跳びで両足跳びをする
- 木登りをする
- 両手で左右違う動きをする
- 紙を回しながらハサミで線に沿ってきれいな円を切る
- スキップをする
- 箸を使う
- ボールを的に向かって蹴る
- ボールを投げて的に当てる
- 体幹がぶれずに平均台を渡る

- 約束やルールがわかり、守ろうとする
- 年下の子や支援が必要な子へ配慮する
- 集団のなかでの自分に気づく
- 恥ずかしい気持ちから失敗を怖れる
- 競争心が芽生え、勝てる勝てないを意識して行動する
- 年上の子どもに憧れる
- 相手の思いに気づく
- 困っている友達や保育者に気づき、手伝おうとする
- 家族で経験したことを友達に伝えたがる
- 役割のある遊びをする

▶5歳

言葉・認識

- どこで・なにを・どのようにしたか話す（文章の組み立て）
- 信号の見方がわかり、自分で左右を確認して道路を渡る
- 絵本を集中して読んだり、長い話の続きを期待したりする
- 文字や数字を書く
- 行事を楽しみに待つ（カレンダー・時刻の理解）
- 相手の理解力に気づきそれに合わせて行動しようとする
- 20までの数字・数詞・数量がわかる
- 時系列で話す
- 自分と友達の思いを共有する
- 経験や考えを友達に言葉で伝える
- 過去と未来を理解する（昨日・今日・明日、小さいときは・大きくなったら）

身体機能

- 生活習慣が確立する
- スピードを調整し、ラインテープの上をはみ出さずに歩く
- 自分のイメージに技術が伴い、立体の細かな造形物を作る
- 実体験を通して空間を意識する
- 衣類の調整を自分で行う
- 競って走る
- リレーやドッジボールを楽しむ
- 箸で小さい物をつまむ
- 速く走る

人間関係

- 目的を共有し、協力する
- 遊びが長く継続する
- 感情をコントロールしようとする
- 友達と話し合い、意見を調整する
- 物事を話し合いで決める
- 仲間と喜びを共有する
- 勝敗を楽しむ
- 遊びのルールを友達とつくる
- 自分と違う考えを理解する

発達の「特性」と「期」について

特性とは… 子どもが育つ過程で見られる、特徴的な姿（言動）をさしています。

発達の"期"とは… 1年間の成長において変容していく特徴的な姿を、5つの期に分けて捉えたものです。

5つの発達の期

年齢にかかわらず、1年間で共通して見られる変容があります。

1 期　不安と混乱期（3歳児）／不安と戸惑い期（4歳児）／不安と緊張期（5歳児）
……環境の変化により、混乱や戸惑い・緊張で不安になる時期

2 期　自己発揮期
……不安を受容されて落ち着き、遊びに興味や関心をもち、
そのなかで自己を発揮する時期

3 期　自己主張期
……遊びのなかで友達の存在を意識し、自己をアピールして主張する時期

4 期　仲間意識期
……友達と一緒に遊びを進め、協力して、一緒にいることを楽しむ時期

5 期　自己充実期
……友達や自分の存在を互いに認め合い、安心して遊びを充実させていく時期

特性を読み取り保育に生かす

（1）保育の場で子どもはいろいろな姿を見せます。その姿をありのままに観察しましょう。

（2）そのときの子どもの気持ちや、行動の意味を考えてみましょう。
そこに特性が見えてくるでしょう。

（3）「特性」を知ることで、それを踏まえて保育の内容を組み立てることができます。
保育の展開が子どもにとって、安心で興味深いものになっていくでしょう。

発達特性の変容

3歳児

3歳児はこんな年齢

依存から自立に移行し、
自分の興味や
関心のあることに向かい
自己を発揮する時期

不安な気持ちを受容された
3歳児は、安心して遊び始
めます。楽しい場所やおもし
ろいこと、気になる友達を
見つけ、全身で感じながら
自己を発揮していきます。

※月は目安です。発達の期はなだらかに変容していきます。子どもの発達には個人差があります。

期	1期（4〜5月）不安と混乱期	2期（5〜6月）自己発揮期
子どもの特性（育ちの姿）	・母子分離や環境の変化に戸惑い、不安になり保育者に依存する。 ・保育者に受容され、気持ちが安定する。 ・園生活の習慣や流れを保育者と一緒に行って理解し、慣れると自分でやろうとする。 ・保育者と身近にある物や場所で遊んだり、自分で好きな物を見つけて遊んだりする。 ・感触・感覚的な遊びを好み、繰り返して行う。 ・保育者と一緒に遊びながら、近くの友達の存在に気づく。	・園生活の場所や生活の仕方に慣れ、自分で行動しようとする。 ・自ら好きな遊びを見つけて遊びながら自己を発揮する。 ・感触・感覚的な遊びの場を広げ、楽しんで遊ぶ。 ・素材や道具を使い、繰り返し没頭して遊び、満足する。 ・自分の世界に入り込むと、周りの状況は見えにくい。 ・遊ぶ場や物に興味・関心をもち、遊びを広げていく。 ・遊びのなかで友達の存在に気づく。
キーワード	・人や物に依存 ・受容から安定へ ・安定から遊びへ ・感触・感覚的な遊び ・保育者と一緒に遊びの場を広げる	・園生活に慣れる ・気持ちの開放と自己発揮 ・感覚的な遊びの広がり ・遊びへの興味・関心の広がり ・やりたいことにすぐ反応

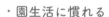

3期（7～9月）
自己主張期

- 遊びが活発になり、遊ぶ場の範囲が広がる。

- 走ったりジャンプしたりして、積極的に身体を動かす。

- 友達の存在を意識し、声をかけたりまねしたりして一緒に遊ぶ。

- 友達と場や物の共有をしながら、ごっこ遊びをする。

- 遊びのイメージが明確になってくる。

- 友達のなかで自己アピールが強くなり、トラブルやけんかが多くなる。

- 保育者に認められたい、ほめられたい気持ちが強くなる。

- 当番や手伝いをしたがる。

- 語彙が増え、自分の思いを一方的に話したり、友達と遊びのなかで会話したりする。

4期（10～12月）
仲間意識期

- 友達と「同じ」が楽しく、安定して遊ぶ。

- 友達とイメージの共有ができ、ごっこ遊びを楽しむ。

- 友達からの刺激を受けて遊びが広がる。

- 遊びで必要な物を自分なりに考え、用意して遊ぶ。

- 身体の使い方がスムーズになる。

- 意欲が芽生え、目的をもちながら積極的に遊ぶようになる。

- 簡単なルールのある遊びを楽しみ、持続して遊ぶ。

- 会話がスムーズになり、自分の考えを伝えたり、状況を判断して知らせたりする。

- 経験したことや異年齢児からの刺激を吸収し、自分なりに工夫して再現する。

- 当番活動や手伝いを積極的にしようとする。

5期（1～3月）
自己充実期

- 友達と会話しながら、ごっこ遊びを進める。

- 友達の性格がわかり、互いに受け入れようとする。

- 身体の動きが活発になり、指先の操作もスムーズになる。

- 集団のなかでのルールや約束を理解し、守りながら楽しんで過ごす。

- 場の状況を読み取り、保育者や友達に言葉で伝えようとする。

- 異年齢児の遊びをまねしながら、工夫して遊ぶ。

- 気持ちが安定して、集中して遊ぶ。

- できることが増え、難しいことに挑戦しようと意欲的になる。

- 遊びをよりおもしろくしようと考えたり、工夫したりする。

- 進級を楽しみにする。

- 遊びの活発化
- 友達を意識
- 遊びのイメージの明確化
- 友達との共感
- 自己主張と承認欲求
- 友達との会話の芽生え

- 友達との共感・共有を楽しむ
- ごっこ遊びの深まり
- 意欲の芽生え
- 場の状況やルールの理解
- 状況を言語化
- 経験や刺激の再現

- 友達との遊びの深まり
- 仲間意識の深まり（相手を理解）
- 肢体・手指の操作性の高まり
- ルールや約束を理解
- 遊びの工夫

発達特性の変容

4歳児

4歳児はこんな年齢

**自己主張しながら
仲間を意識し、
関わりをもちながら
社会性が身につく時期**

遊びが活発になり自信をもつと、友達を意識し自己主張をし始めます。トラブルなどを経験するなかで、ルールを守ったり工夫したりし、心情や考える力も育ってきます。

※月は目安です。発達の期はなだらかに変容していきます。子どもの発達には個人差があります。

期	1期（4〜5月）不安と戸惑い期	2期（5〜6月）自己発揮期
子どもの特性（育ちの姿）	・進級後、環境の変化で戸惑い、不安になる。 ・場の状況を読み取り理解するが、対応ができにくく戸惑う。 ・生活習慣は身についているが、取り組みにむらが見られる。 ・担任に親しみ、クラスの友達を知る。 ・自分の好きな遊びを見つけ、安定していく。 ・経験したことを、友達と一緒に再現して遊ぶ。 ・気の合う友達と遊びながら気持ちを開放し、活発に遊ぶ。	・園生活に慣れ、自分なりに自信をもって行動するが、調子に乗りやすく、はめを外す。 ・遊びが活発になり、環境や人に対して能動的に関わり、遊びを広げていく。 ・友達を意識し、話しかけたりまねしたりして反応する。 ・自己アピールが強くなり、パフォーマンスをして目立とうとする。 ・友達と遊ぶことが楽しくなり、刺激を受けるが、けんかやトラブルも多くなる。 ・秩序やルールを自分なりに理解し、守らない友達への指摘が多くなる。 ・自分の欲求と善悪の意識との間で揺れ動く。
キーワード	・環境の変化による不安と戸惑い ・状況を読み取る ・安定の場を見つける ・気持ちの開放 ・気の合う友達と遊ぶ	・遊びの活発化 ・友達の存在を意識し、反応する ・秩序やルールの理解 ・自己欲求と道徳観のはざま

3期（7～9月）	**4期**（10～12月）	**5期**（1～3月）
自己主張期	仲間意識期	自己充実期

3期（7～9月）自己主張期

- 友達からの刺激に反応し、自分なりに取り入れ、アレンジして遊ぶ。

- 今までの経験やイメージを取り入れながら、友達とアイテムを作り、ごっこ遊びをする。

- 遊びをおもしろくしようとして、活発になる一方、調子に乗って危険回避ができにくくなる。

- 身体バランスがとれるようになり、手足の力が強まる。

- 他者を意識し、自分を認めてほしい気持ちが強くなる。

- 勝ち負けにこだわり、友達より優位に立とうと考えたり、行動したりする。

- 自分の行動に意味づけができるようになるが、自分を正当化しようとして、へ理屈を言う。

- 自分の知っていること（知識）を一方的に話そうとする。

- 友達との比較や善悪の判断をするなかで、自分の思いと現実の間で葛藤する。

4期（10～12月）仲間意識期

- 友達と共感しながら、意欲的に遊ぶ。

- 体力がつき、取り組みへの持続時間が長くなる。

- 友達との関わりが深まり、相手のパーソナリティーが見えてくる。

- 友達のなかでの関係性が見えてきて、リーダーになったり、相手に従ったりして、自分のポジションを見つけようとする。

- ルールや決まりの大切さに気づき守ろうとする。

- 遊びを深めようと試行錯誤するが、見通しが立たず、戸惑う姿が見られる。

- 周囲の空気や雰囲気が読めるようになり、要領よく対応しようとする。

- 物事の関係性や因果関係がわかる。

5期（1～3月）自己充実期

- 友達と考えや思いを伝え合い、調整しながら遊ぶ。

- 自分の気持ちをコントロールしようとする。

- 集団のなかで自分の役割を理解し、対応しようとする。

- 身体のバランス感覚が向上し、手指の操作性も高まる。

- 自分の得意なことがわかり、自信がついてくる。

- 遊びやルールに自分なりの工夫を加え、楽しむ。

- 考える力がつき、意欲的に取り組む。

- 身の回りの文字・数字への興味が広がり、遊びに取り入れようとする。

- 進級に期待をもち、それに向かって試行錯誤しながら進もうとする。

3期
- 友達からの刺激に反応
- イメージの具現化
- 自己中心的な優位感と承認欲求
- 競争心の高まり
- 自分の思いと現実との間で葛藤
- 規範意識の芽生え

4期
- 仲間意識の深まり
- 体力の向上と持続
- 友達との関係性の理解
- 遊びの工夫と試行錯誤
- 場の状況の理解と対応
- 物事の因果関係の理解

5期
- 気持ちの葛藤から自己調整へ
- 役割や関係性の認識
- 運動機能と操作性の向上
- 自信（自己肯定感）と意欲
- 知的好奇心の広がり
- 進級への期待感

発達特性の変容

5歳児

5歳児はこんな年齢

**仲間との遊びや
話し合いのなかで
協調性が見られ、
思考力や認識力が
豊かに育つ時期**

仲間意識が深まり、相手を思いやる気持ちも見られます。遊びや話し合いのなかで考えたり工夫したりして協調性も育ち、知的なものへの思考力も深まります。

※月は目安です。発達の期はなだらかに変容していきます。子どもの発達には個人差があります。

期	**1期**（4〜5月） 不安と緊張期	**2期**（5〜6月） 自己発揮期
子どもの特性（育ちの姿）	・進級を喜び積極的になる一方、最年長クラスになった緊張で不安を感じたりする。 ・生活習慣が身につき、自然体で行動する。 ・園生活の見通しが立ち、当番活動や年下の子の手伝いなどに意欲的に取り組む。 ・気の合った友達と、経験した遊びを自分たちで進めていく。 ・遊びが活発になり、遊びの幅を広げていく。	・好きな遊びに夢中になり、試行錯誤しながら自分のイメージを広げる。 ・遊びのなかでひらめきや工夫が見られるが、アイデアをまとめられず戸惑う。 ・目的に向かい意欲的に関わろうとする。 ・身の回りの自然や事象に興味・関心が高まる。 ・友達と遊びをよりおもしろくしようと、試したり工夫したりする。 ・友達の姿に刺激を受け、自ら挑戦して繰り返しやろうとする。 ・意欲が高まり、友達のなかで積極的に行動しようとするが、思うようにならず葛藤する。 ・友達との間でトラブルになると落ち込み、不安定になる。 ・友達との話し合いでは、自分の考えや気持ちを積極的に伝えるが、折り合ったり、まとめたりすることができにくい。
キーワード	・緊張と不安 ・期待と意欲 ・生活習慣の安定 ・年下の子の世話 ・見通しをもった生活と意欲 ・友達どうしで活発に遊ぶ	・意欲と挑戦 ・興味・関心の高まりと探究心 ・思考力と工夫 ・友達からの刺激 ・自分の考えの表出 ・やりたいことと現実とのギャップ

3期 (7～9月)	4期 (10～12月)	5期 (1～3月)
自己主張期	仲間意識期	自己充実期

3期	4期	5期
・友達とイメージを共有し、話したり、工夫したりしながら継続して遊ぶ。	・見通しをもち、段取りをつけながら遊びを進める。	・友達どうしで互いに認め合いながら協力して、遊びや活動を自分たちで進めていく。
・友達との間で、互いに自分を正当化しようと主張し、感情が高ぶることもある。	・体力がつき、ルールのある運動遊びなど、意欲的に持続して楽しむ。	・自分の気持ちをコントロールし、相手と調和していく。
・勝負にこだわるが、ルールのある遊びを楽しむ。	・友達の個性がわかり、役割分担をする。	・集団のなかで自分の役割を見つけ、自信をもって充実した生活を送る。
・友達との力量の違い（優位差）に気づき、落ち込んだりする。	・仲間意識が深まり、相手への思いやりが育ち協調して関わる。	・身体機能が高まり、技術力も増し、遊びの幅が広がる。
・自分なりに考えて、人の世話をして役立とうとする。	・仲間と共通の目的をもち、解決の方法を探り、折り合いをつけながら、協力して活動する。	・活動の見通しをもち、必要な物を準備し、問題解決する能力が高まる。
・好きなことへの関心が深まり、知っていること（知識）を人に伝えようとする。	・多様な人を理解しようとする。	・身近な人や地域に親しみ、公共の場など、社会とのつながりを知る。
・物のしくみや事象に興味・関心が広がり、不思議さを感じ、疑問をもつなど、知的好奇心が高まる。	・社会事象・自然事象・概念などの事柄をカテゴリーで分けられる。	・知的好奇心が高まり、探究心や思考力が深まる。
・文字や数量に興味・関心をもち、使って遊ぶ。	・ユーモアがわかり、だじゃれなどの言葉遊びを楽しむ。	・自分の思ったことや感じたことをイメージ豊かに表現する。
・言葉の表現が豊かになり、友達との間で意見を言い、理由付けや仮定の言葉を使う。	・心情が豊かになり、悲しさや切なさなどを感じる。	・就学に向けて期待や自覚をもつが、卒園の寂しさから不安になる子がいる。

3期	4期	5期
・イメージの共有と遊びの継続	・遊びの見通しと構築	・自己コントロールと調和
・正当性と感情の高ぶり	・友達の心情や多様性の理解	・自信と充実
・勝負のこだわりとルール	・仲間意識の深まり	・身体機能・技術力の高まり
・内面的思考と葛藤（自己内対話）	・協調性・協同性（折り合い）	・地域や社会への関わり
・有用（役立ち）感	・知的思考の高まり	・認識に基づく思考力
・知的好奇心の高まり	・心情の広がり（分化）	・豊かな表現力
		・情緒の深まり（複雑な思い）

2章・3章 の見方

2章で、各期ごとの3つの事例から期の特性を読み取り、
3章で、その特性を踏まえた遊びや活動を示す構成になっています。

1つの期に
3つの事例！

2章　事例で見る子どもの姿

写真と事例で、期の特性を見ていきます。

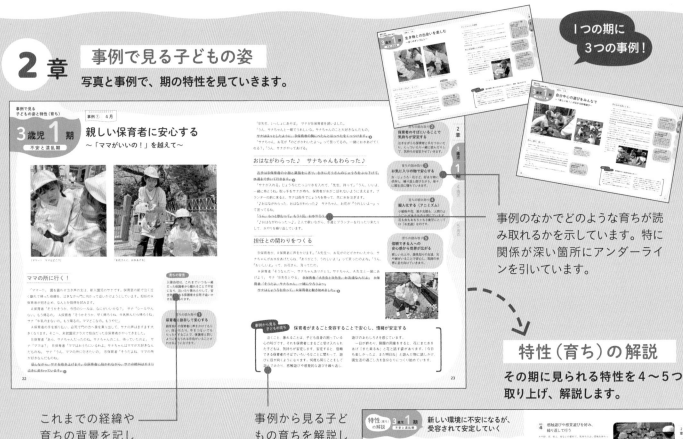

事例のなかでどのような育ちが読み取れるかを示しています。特に関係が深い箇所にアンダーラインを引いています。

これまでの経緯や育ちの背景を記しています。

事例から見る子どもの育ちを解説します。

特性（育ち）の解説

その期に見られる特性を4～5つ取り上げ、解説します。

その期のクラスづくりのポイントや、保育者の援助と環境構成について示しています。

3章　この期に経験したい遊びや活動

遊びや活動の種類を紹介します。

具体的な遊びや活動案を提案しています。

期の特性を踏まえて、取り入れたい遊びや活動のポイントを示しています。

2章

事例で見る
年齢別・期ごとの
子どもの育ち

2章では、年齢別・発達の期ごとの子どもの育ちを、
写真と事例を通して見ていきます。
さらに、事例から発達の特性を読み取って
示しています。

3歳児 1期
不安と混乱期

親しい保育者に安心する
～「ママがいいの！」を越えて～

「ママー！ ママはどこ？」

「お花さんに、お水あげる」

ママの所に行く！

「ママー!!」 園を震わす泣き声の主は、新入園児のサナです。保育室の前で泣く泣く離れて帰った母親を、泣きながら門に向かって追いかけようとしています。担任のA保育者が抱き止め、なんとか説得を試みます。

A保育者「そうかそうか、今日のシールは、なにがいいかな？」 サナ「シールやんない。もう帰るの」 A保育者「そうかそうか、早く帰ろうね、牛乳飲んだら帰ろうね」 サナ「牛乳のまないの。もう帰るの。ママどこなの。もうやだ」

A保育者の手を振り払い、必死で門の方へ身を乗り出して、サナの声はますます大きくなります。そこへ、未就園児クラスで担当だったB保育者がやってきました。

B保育者「あら、サナちゃんだったのね。サナちゃんのこと、待っていたのよ」 サナ「ママは？」 B保育者「ママはおうちにいるわよ。サナちゃんはママが大好きなんだものね」 サナ「うん、ママの所に行きたいの」 B保育者「そうだよね、ママの所が好きなんだものね」

話しながら、サナを抱き上げます。B保育者に抱かれながら、サナの絶叫はすすり泣きに変わっています。❶

育ちの背景

入園当初は、これまでいつも一緒だった保護者から離れることで不安になり、泣いたり暴れたりして、安全地帯である保護者を必死で追いかける姿があります。

育ちの読み取り❶
保育者に依存して安心する

顔見知りの保育者に声をかけてもらい、抱かれたり、手をつないでもらったりすることで、保護者と同じように甘えられる存在がいることがわかるようになります。

「B先生、いっしょにあそぼ」　サナがB保育者を誘いました。
「うん、サナちゃんと一緒でうれしいな。サナちゃんのこと大好きなんだもの」
サナはほっとしたように、B保育者の胸にぺたんとほっぺたをくっつけます。❷
「サナちゃん、お花が『のどがかわいたよ～』って言ってるの。一緒にお水あげてくれる？」「うん、サナがやってあげる」

おはながわらった♪　サナちゃんもわらった♪

左手はB保育者の小指と薬指をにぎり、右手にぞうさんのじょうろをぶら下げて、水道まで歩いて行きます。❸
「サナが入れる」じょうろにたっぷり水を入れて、「先生、持って」「うん、いいよ、一緒に持とうね」取っ手をサナが持ち、保育者が水がこぼれないように支えます。プランターの前に来ると、サナは両手でじょうろを持って、花に水を注ぎます。
「♪おはながわらった、おはながわらった♪　サナちゃん、お花が『うれしいよ～』って言ってるね」
「うん、もっと飲むって。もう1回、お水やろう」❹
「♪おはながわらった～♪」2人で歌いながら、水道とプランターを行ったり来たりして、水やりを繰り返しています。

担任との関わりをつくる

B保育者が、A保育者に声をかけます。「A先生～、お花がのどがかわいたから、サナちゃんがお水をあげたらね、『ありがとう、うれしいよ！』って笑ったのよね」「うん、『おいしいよ』って、お花さん、言ってたの」
A保育者「そうなんだ～、サナちゃんありがとう。サナちゃん、A先生と一緒にあげよう」　サナ「B先生とやる」　B保育者「A先生とB先生、お友達なんだよ」　A保育者「そうだよ、サナちゃん、一緒にやろうよ～」
サナはじょうろを持って、A保育者と動き始めました。❺

育ちの読み取り❷
保育者のそばにいることで気持ちが安定する
泣きながらも保育者と手をつないだり、くっついたり一緒に遊んだりして、気持ちを安定させていきます。

育ちの読み取り❸
お気に入りの物で安心する
水・じょうろ・花など、好きな物に依存し、繰り返し遊びながら、徐々に園生活に慣れていきます。

育ちの読み取り❹
擬人化する（アニミズム）
小動物や花、風や太陽も、人間のように心があるものと感じています。花も虫もおもちゃも3歳児にとっては「お友達」なのです。

育ちの読み取り❺
信頼できる人への安心感から世界が広がる
親しい大人や、顔見知りの友達、兄や姉がいることで安心し、周囲の世界に目を向けていきます。

事例から見る子どもの育ち
保育者がまるごと受容することで安心し、情緒が安定する

泣くこと、暴れることは、子ども自身の困っている心の叫びです。それを保育者にまるごと受け入れられた子どもは、気持ちが安定します。安定すると、信頼できる保育者のそばでいろいろなことに関わって、遊びに目が向くようになります。何度も同じことをして遊んでみたり、感触遊びや感覚的な遊びを繰り返し、遊びのおもしろさを感じています。

一日が終わり、降園の用意をすると、花にまた水をあげ「また来るね」と花と話す姿があります。「今日も楽しかったよ、また明日ね」と遊んだ物に話しかけ、園生活の過ごし方を自分なりにつくり始めています。

3歳児 **1** 期
不安と混乱期

生き物との出会いを楽しむ
～ぼくのダンゴムシ～

「ダンゴムシ、もっといっぱい」

「手にのぼってきた。タイキのこと好きなんだよ」

マサトのダンゴムシ、とって！

　「先生、ダンゴムシどこ？」片手に空っぽの虫ケースを下げて、マサトが保育者の手を引っ張ります。「マサちゃん、おはよう。一緒に探そうね」「うん」

　園庭の隅のクローバー畑に行き、2人でしゃがみ込みました。「ダンゴムシ、どこかなあ～。このあたりはどうかなあ」「K先生、いっしょにあそぼう」とタイキもやってきました。

　クローバーの葉をめくると、下にいたダンゴムシが動きだします。「いた！　いた！　いた！　とって！　とって！　マサトのダンゴムシ」保育者がダンゴムシを捕まえると、ダンゴムシはすぐに体を丸めます。小さな豆のようになったダンゴムシをマサトの手のひらに載せると、夢中で虫ケースに入れます。❶

　「もっと、いっぱい」とマサトにせがまれて、またクローバーの葉をめくると、ダンゴムシが一斉に動きだします。「わ～っ、いっぱいいるよ」「とって、とって！　赤ちゃんとって！」小さなダンゴムシを捕まえ、マサトの手のひらに載せると、「マサト、触れるよ！」とマサトは口をとがらせて、自慢気な表情です。❷

ダンゴムシに興味をもっている3歳児たち。動く虫を触るのはまだ怖いものの、5歳児・4歳児の動きを見て自分たちもダンゴムシを探し、こわごわ触ろうとしています。

育ちの読み取り❶
「自分の物」へのこだわり

「自分中心」が強い3歳児は、「自分が好きなこと」が遊びの原動力です。「自分の物」としてダンゴムシを集めることが楽しいのです。

ダンゴムシとの会話

「タイキもダンゴムシ、ちょうだい」タイキの手のひらに載せると、ダンゴムシが手の上で動き始めました。

保育者「タイキの手の上にのぼってきたね」タイキ「タイキのこと、好きなんだよ」「そうだね、タイキのこと、大好きなんだね」「こちょこちょしてる」

手の上のダンゴムシをじっと見つめていると、ダンゴムシはタイキの体操着の袖口にのぼっていきます。

保育者「のぼってるね」タイキ「がんばれ、がんばれ！　タイキのダンゴムシ、赤ちゃんだよ」❸　「そうなんだ、タイキのダンゴムシは赤ちゃんなんだあ」「そうだよ」

年上の虫博士との出会い

4歳児のイツキに、保育者が「イツキくん、マサちゃんが動いてるダンゴムシ触れないの。一緒に遊んでくれる？」と声をかけます。

イツキ「動くのは怖いの？　丸いのは大丈夫？」「うん、そうなの。イツキはムシムシ博士だから、イツキと一緒だったら、マサちゃんもワクワクするかなあって思ったの」「いいよ！　マサちゃんおいで！」マサトとイツキは連れだって、虫探しに向かいました。

マサトはイツキにくっついて、園庭のあちらこちらを歩き回り、虫探しに夢中です。マサトとイツキの距離はぐんと近づきました。頭を寄せ合って、1つの虫ケースに見入っています。イツキの虫解説に聞き入るマサト。❹　園庭の虫の野原を歩き回り、2人の虫探しは続きました。

「ほら、動いてるよ」

育ちの読み取り❷
保育者と一緒に安心して遊ぶ

動くダンゴムシが一瞬で丸くなることのおもしろさや、集めることを楽しんでいます。丸まったダンゴムシを触ることはできますが、動いているダンゴムシには触れないため、保育者と一緒に遊ぶことで、安心して夢中になります。

育ちの読み取り❸
言葉の未分化が見られる

声に出して考えを伝える言葉（外言）と、自分の思考をまとめる言葉（内言）の分化が完全でないことで、ひとりごとのように話をします。

育ちの読み取り❹
年上の子どもに刺激を受け、興味が広がる

年上の子どもたちがかもし出す遊びの楽しい雰囲気を感じ、興味をもって、「おもしろそう！　やってみたい！」という気持ちを広げていきます。好きな遊びのなかで、年上の子に受け入れられる喜びを味わっています。

事例から見る子どもの育ち

園の環境に受け入れられることで安心し、興味・関心を広げる

ダンゴムシは3歳児の気持ちに合った友達です。ゆっくりな動きや、ツンツンつつくとすぐにまん丸になり動かなくなる姿に、子どもたちは目を輝かせてとりこになり、「おもしろそう！　やってみたい！」と心が躍動します。

園の自然環境や、さまざまな物に自由に興味を寄せられる場所と時間、保育者による愛情深い人的環境によって、3歳児の不安な心は安定していきます。受け止められる経験の積み重ねによって、子どもは、「ぼく・わたしはここにいていいんだ！」と心の底から実感することができます。園の環境との最初の出会いにおいて、喜びで受け入れられる経験は、大きな自己肯定感となって子どもの礎となることでしょう。

3歳児 1 期
不安と混乱期

自分中心の遊びをみんなで
～「楽しいね！」が広がる砂場遊び～

ペタペタ、ベチャベチャ、楽しいね！

「ねえ、汚れちゃうよ」

泥んこ遊び、楽しい！

　雨が続いた翌日、砂場に大きな水たまりができました。

　「海だー！！」と飛び出していく、4・5歳児の子どもたち。水たまりに砂を入れて、だんごに丸められるぐらいの硬さまで砂を混ぜ、いい具合にして泥だんごを作っています。

　そこへやってきたのは、3歳児の子どもたち。思い思いに「泥んこだまり」に手を入れて、ぐるぐるまぜまぜ、ぺたぺたとこね回して感触を味わっています。上から砂をサラサラサラ〜とかけ、シャベルですくっては泥だまりにボチャン！　泥が跳ね上がるたびに、「キャキャキャ〜」と歓声をあげて、隣の子どもと笑い合っています。❶

　「楽しいね」

　「うん、楽しいね」

　両手を泥の中に突っ込んで、引き上げては泥だらけの手を隣の子どもと見せ合い、顔を見合わせてニコニコ笑顔です。

育ちの背景

雨上がりの砂場の泥んこ水たまりには、3歳児がすぐに集まってきます。「心地よい物」を見つけると、全身で遊ぼうとする姿が見られます。

育ちの読み取り❶

**感触遊びを好み、
繰り返し行う**

触る・見る・たたくなど、さまざまな方法で、感触・感覚を使って物を把握し、夢中になって遊びます。

汚れるのも気にしない

「腕まくりしようね」保育者がやってきて、泥んこの袖をまくり上げます。「これでいっぱい遊べるね、はい、どうぞ」

3歳児たちがさらに泥を跳ね上げるのを見て、おだんごを作っていた5歳児の女の子たちが声をかけます。「ねえ、やさしくね、汚れちゃうからね」「砂、いっぱい入れたらダメだからね、おだんごにならなくなっちゃう」声をかけられるたびに、一瞬動きを止めるものの、また泥に手を入れて、まぜまぜ、ぺたぺた、ボチャン！　を繰り返しています。**2**　もうすっかりどろどろの砂場に、みんなぺたんと座り込んで夢中になっています。**3**

「もう、しょうがないか〜、年少さんだから」「そうだね、泥んこ気持ちいいんだね〜」「わかるけどさ〜、汚れちゃうよ〜」と5歳児たちが、お母さんのような口調で苦笑いしながら、保育室に戻っていきます。

5歳児が砂場からいなくなると、3歳児たちの動きはますますエスカレートします。靴を履いたまま、泥だまりに足をジャボンと入れて靴に泥が入るのを味わったかと思うと、今度ははだしになって両足でドボン！　口々に歓声をあげながら、全身で泥んこの池を楽しんで、満面の笑みです。**4**

夢中になっていたかと思うと、急に我に返って半べそで保育者のもとへやってきます。「泥んこになっちゃった」「いっぱい遊んでよかったね。足が『洗ってよ〜』って言ってるね、洗ってあげようね」足洗い場で泥を落とし、満足そうに着替えに向かいます。

育ちの読み取り 2
自己中心性が強い

自分が中心のため、周囲の迷惑はおかまいなしに遊んでいます。泥の中に砂を入れたり、シャベルでかき混ぜたりする際に泥を跳ね返しても、周りの子どものことは気にしません。

育ちの読み取り 3
粗大運動が発達するが持久力は未発達

走る、跳ぶ、座るなど大きな動きのバランスは発達していますが、持久力はまだ未発達のため、すぐに座り込みます。また、大きなシャベルをバランスよく扱うことには慣れていません。

育ちの読み取り 4
友達に感覚的に反応し共鳴する

「わあ〜！」「キャー！」「気持ちいいね」など、周囲の子の表情を読み取り、受け止めて、感覚的に共感して楽しんでいます。

事例から見る子どもの育ち
感覚遊びから友達の存在に気づく

砂場は、3歳児がリラックスできる場所です。手のひらから砂を落としてサラサラ、砂を水で濡らしてぺタぺタなど、さまざまな感触を味わいます。また、シャベルやカップを使って砂を掘ったり、山のように積み上げたりして、形の変化を楽しみながら、道具を使うことを経験します。

物に触れたときの触感や温度や音など、手のひらから受ける感触から、五感が刺激されます。太陽や水と風と土、友達の声や動きと表情なども、心地よい刺激となり、手足を活発に動かして安定していきます。

友達と同じことをそばでしながら関わらない、平行遊びを繰り返しながら、次第に周囲の動きをまねたり、共鳴したりして、友達と一緒にいることが喜びになっていきます。

新しい環境に不安になるが、受容されて安定していく

この期の子どもの姿

4月の3歳児のクラスは上を下への大騒ぎ！　新入園児も進級園児も保護者と離れたことや、保育室や保育者が変わったことで、戸惑いや不安でいっぱいです。「ママ～！　ママはどこ？！」「もうおうちに帰る！」と泣き叫ぶ子も、じっとかばんを背負ったまま保育室に入らない子も、心のなかで「ぼく・わたし、どうしたらいいの？」と大混乱しているのです。

特性1　母子分離や環境の変化に戸惑い、不安になって、保育者に依存する

新入園児は、初めての母子分離や新しい環境に、不安と混乱でいっぱいです。進級園児も、保育室や保育者が変わったことで、どうしたらよいかわからず、戸惑いや不安を抱えています。泣き叫んで母親を追いかける子や、廊下で固まって保育室に入ろうとしない子など、さまざまな姿で不安を表現しています。保育者に気持ちを受け止めてもらい、そばにいてもらうことで、少しずつ自分の居場所を見つけて、安心していきます。

特性2　園生活の習慣や流れを保育者と一緒に行い、慣れると自分でやろうとする

いつも気持ちを察してくれ、手を差し伸べてくれる存在の保護者がいないなかで、新しい世界での生活を模索しています。外履きから上履きに履き替えることや、朝の身支度など、園ならではの過ごし方を、保育者や年上の子どもの姿を見たり、教えてもらったりすることでわかっていきます。生活の流れのリズムが少しずつ定着していくことで、気持ちも安定します。

特性3　保育者と身近にある物や場所で遊んだり、自分で好きな遊びを見つけて楽しんだりする

保育者のそばで、同じ物で繰り返し何度も遊んだり、感触遊びや感覚的な遊びを好んで行ったり、小さな生き物に興味をもってじっと見たり探したりして、安定していきます。お気に入りの物や場所が見つかることで自分の居場所ができ、少しずつ自分の気持ちが発揮できるようになります。

特性 4 感触遊びや感覚遊びを好み、繰り返して行う

　水や砂、泥、粘土、布などの素材で、気持ちのよい感触を味わったり、音や光などさまざまな感覚遊びを繰り返すことで、心を安定させます。家庭の延長のような落ち着ける雰囲気の空間や、自分で扱える道具を使うことのできる環境があることで、積極的に関わっていきます。

　草花遊びや泡あわ遊びなど、手で触れ、音や香りを感じ、目で見て変化を楽しむことで、自然や素材を五感で味わいながら、心を開放していきます。

特性 5 保育者と一緒に遊びながら、近くの友達の存在に気づく

　保育者のそばで一緒に遊びながら、近くに友達がいることにも慣れるようになります。いつも身近に保育者がいることで安心し、遊びを広げていくなかで、周囲の友達の動きや表情、声に触れながら、相手のすることに興味をもち、友達の存在に気づいていきます。

この期のクラスづくりのpoint

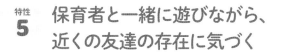
保育者の援助と環境構成

家庭の延長のような雰囲気で保育者に甘えられる関係に

　4月の3歳児の心は、不安と混乱でいっぱい。泣いたりたたいたり、走り回ったりと、落ち着かない気持ちを行動で表します。また、思いもよらない行動でアクシデントが起きることも。子どもたちの不安を解消し、安定して過ごせるよう、保育者はありのままの子どもを受け止め、あたたかいスキンシップで、甘えられる存在になることが大切です。泣きのエネルギーは、保育者との基本的信頼関係をベースに、やがて遊びのエネルギーへと変化していくでしょう。

　リラックスできる時間や、ぺたんと座れる場所、家庭的な雰囲気のままごとコーナー、触れることのできる小動物など、くつろげる環境を用意することも大切です。柔らかい感触の素材や、保育者のわかりやすくあたたかい語りかけと優しい表情も、とても重要な環境です。

園生活の流れをシンプルにして子どもが主体的に園生活をつくる

　園生活での過ごし方がわかり、生活のリズムが定着することも、子どもの気持ちの安定に大切な要素です。身支度や生活の流れをシンプルにして、子どもにとって無理のない遊びや活動を考えましょう。

　保育者は子どものしていることや、これからすることをわかりやすく言語化し、行動と言葉を一致させながら、過ごし方をともにつくっていきましょう。子どもが自分のすることや生活の流れを理解し、生活の見通しがもちやすくなることで、気持ちも安定していきます。

　「お腹すいたね、ぺこぺこになっちゃったね」「先生！　おべんとう食べようよ」など、子どもたちが自らどうしたいかを考え、主体的に働きかけられるよう、ともに園生活をつくっていきましょう。

3歳児 2期
自己発揮期

感覚的な遊びを繰り返し楽しむ
～たんぽ遊びからこいのぼり作りへ～

ポンポンポポン、楽しいね

目玉を貼って、自分のこいのぼりが完成！

たんぽ遊び、楽しい

　コーナーに和紙とたんぽ筆と絵の具を用意しておいたところ、サユリとユウタがやってきて、ペタペタと和紙に押して遊び始めました。

　ポンポンポンとリズミカルに打つ楽しさや、絵の具が紙に染み込んでいくおもしろさを感じ、繰り返し楽しんでいます。保育者も一緒になって楽しみながら軽快な歌を口ずさむと、2人はそのリズムに合わせて体を弾ませながら、さらにおもしろがって押しています。❶

　そこへ「ぼくもやる〜」とケンもやってきました。ケンは筆のように手を動かしながら、思いもよらぬ形になる不思議さを喜んでいます。アサミも一緒になって大きく手を動かしていると、和紙からはみ出して床にも描きだしました。❷　保育者は和紙に描くよう誘導し、ケンとアサミは、今度は手にも絵の具を塗って、手形のように押し始めました。何枚か楽しんだ後、保育者が「今度はなに色がいい？」と尋ねると、「あお〜」と色を変え、何度もたんぽ遊びを楽しみました。

　前日に、子どもたちがたんぽ遊びをした和紙を乾かしていたのを出してみると、色が重なったり混ざったりして、まるでうろこのように見えました。保育者は、これでこ

これまでの経緯

子どもたちが、小麦粉粘土などの感覚的な遊びを楽しんでいたので、他にも道具を増やすと遊びがさらにおもしろくなるのではと考え、コーナーに道具や素材をいくつか用意しておきました。

育ちの読み取り❶

**道具を使って、
感覚的な遊びを楽しむ**

道具を使って、筆をたたく感覚のおもしろさや、ポンポンとたたくリズムの心地よさを、繰り返し楽しんでいます。

いのぼりを作ったらと考え、青と黒を重ねた紙、赤とピンクを重ねた紙で、こいのぼりの形に切った物をいくつか作っておきました。

大きなこいのぼり、すごい！

　5歳児クラスで、みんなで協力して、ポリ袋を何枚もつなぎ合わせて大きなこいのぼりを作りました。「年長さんの作ったこいのぼりが揚がりますよー」の声に、3歳児クラスの子どもたちも園庭に集まってきました。心地よい春風のなか、園庭を気持ちよく泳いでいる大きなこいのぼりに、驚いて見上げている子、走り出す子、手を広げて一生懸命つかもうとしている子の姿もあります。保育者が子どもたちと一緒にこいのぼりの歌を歌うと、「こいのぼりさん、喜んでるね」とうれしそうに言う子もいます。

　「ぼくのはないの？」「わたしもこいのぼりほしい」と言いだす子どもがいて、どうやら、自分のこいのぼりがほしくなったようです。

ぼくのこいのぼりだよ

　次の日、保育者は、用意していた小さいこいのぼりの形の紙を、部屋に飾っておきました。登園した子どもたちはそれを見て「わ〜、こいのぼりみたい！」と歓声を上げ、「わたし、これがいい」と、その中からお気に入りの1つを選びました。

　自分でのりを付けて目玉を貼り、それぞれのこいのぼりができました。みんな、自分のこいのぼりができたうれしさを感じ、外で泳がせたい気持ちでいっぱいです。❸

　保育者に棒に付けてもらい、さっそく園庭に出て、走りながらみんなでこいのぼりを泳がせていました。❹

育ちの読み取り❷

素材のおもしろさを感じる

絵の具が和紙に染み込んでいく不思議さ、色が混ざることの意外性や偶然性を味わい、絵の具のおもしろさを感じています。

育ちの読み取り❸

自分でできた喜びを味わう

自分で目玉を付けて作る過程を楽しみ、自分の物ができあがるうれしさを感じています。

育ちの読み取り❹

**遊びのなかで
友達の存在に気づく**

できあがったこいのぼりを持って、外で友達と一緒に走る楽しさを感じています。

事例から見る
子どもの育ち

感覚・感触的な遊びを通して自己を開放する

　子どもは感覚的な遊びが大好きです。感触を好む遊びに興味・関心を示し、たんぽをたたく感覚の心地よさやリズムを感じながら、ダイナミックに楽しむことで、心を開放して、ありのままの自己を発揮していきます。

　感覚的な遊びを広げるために素材や道具を整えておくと、道具を自由に操作する楽しさを十分に感じ、繰り返し夢中になって遊びます。絵の具が染み込んだり、色が混ざり合ったりすることの意外性や偶然性をおもしろがり、自分が思うように操作できる道具を使って物と関わりながら、心がわくわく楽しくなっていきます。

　目玉を貼ってこいのぼりができる過程を楽しみ、自分のこいのぼりができたうれしさや、みんなでこいのぼりを持って、一緒に外で走る楽しさを感じています。

3歳児 2期
自己発揮期

ほしい気持ちを主張する
～これは、ぼくの虫かごなの！～

「だから、虫かごがないんだから～！」

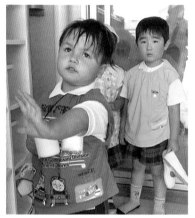

「ダメダメ、とっちゃいけないよ！」

ダンゴムシ、大好き

　春の園庭にはたくさんの生き物がいます。なかでもダンゴムシは、3歳児には一番の人気です。

　カイもダンゴムシに興味をもって、「暗い所にいるんだよ」とダンゴムシのいる場所を探して、見つけると大喜びで触っています。最初は怖かったのですが、だんだんつまめるようになり、手のひらに載せたり、プリンカップにたくさん集めたりしていました。❶

ショウの虫かごがなくなった

　ある日、4歳児のショウが家から持ってきた虫かごが見当たらなくなってしまいました。クミと一緒に捕まえた青虫が入っている、ショウにとって大事な物でした。他の4歳児も加わり、みんなで探していると、靴箱の高いところに置いてあるのを見つけました。

　「あったー！」とみんなで喜んでいると、カイがやってきて、「ダメ！　ダメ！　とっちゃいけないよ！　ダンゴムシ入れるんだから」と言います。❷　一緒に探していた4

これまでの経緯

最初はダンゴムシの動きを見ているだけだった子どもも、次第に手のひらに載せた感触や、触ると丸まり、形態が変化するおもしろさに夢中になります。ダンゴムシのいる場所を探すことも楽しみ、遊びを見つけながら心が開放されていきます。

育ちの読み取り❶
身近な虫に興味をもつ

ダンゴムシは、手のひらに載せるともぞもぞする感触や、触ると形態が変化するおもしろさがあり、生態にも関心をもって夢中になって探します。

歳児が、「でも、それショウのだよ」と言うと、カイは「ダンゴムシ入れるんでしょ！ダンゴムシ入れるの、意味わかる？」「これ、ぼくのだよ」と譲りません。❸

そのとき、クミが虫かごの中に青虫がいないことに気づきました。「せっかく、ショウくんと一緒にきれいな黄緑色の青虫とったのに、逃がしちゃったの？」と悲しんでいます。保育者がカイに「中の青虫さん、どうしたの？」と尋ねると、「逃がしちゃったの。だって、青いの怖いんだもん！」。それを聞いていた4歳児たちも、「これはショウくんの虫かごだよ」と詰め寄ります。でもカイは「だから、虫かご、ないんだから！」と引かず、「そういうときには、空き箱とかに入れればいいんだよ」と教えてもらっても、「イヤ、イヤ、箱はちがうんだよ」と聞きません。❹

そこへ虫かごの持ち主のショウがやってきました。保育者が「カイくんが青虫を逃がしちゃったみたいなの」と伝えると、ショウは「いいよ、またとるから」と許してくれました。

ぼくの虫かごを探そう

保育者が「カイくんは、ダンゴムシを入れる虫かごがほしかったのね。でもそれはショウくんの虫かごだから、ショウくんに返して、カイくんの虫かごを一緒に探しに行こうね」と伝え、カイはショウに虫かごを返して保育者と一緒に謝りました。

「先生、こっちこっち。暗い所だよ」と言うカイについて、保育者も虫かごを探しに倉庫に行ったものの、いくら探しても使える虫かごは見つかりません。どうしようかと困っていると、「プリンカップに入れるからいいや」と言うカイの言葉で、部屋にあるプリンカップを取りに行くことになりました。その途中で園庭を通ると、カイは遊具を見つけて遊びだしてしまいました。高い所まで登り「先生、見てて〜」と手を振って滑っています。❺　保育者が「プリンカップはいいの？」と聞くと、うれしそうに「先生が見つけておいて」と言いました。

育ちの読み取り ❷
興味のある虫から、虫かごにも関心が広がる
他の子どもが持っている虫かごに興味や憧れをもって、自分も虫を入れたい、試してみたいと思っています。

育ちの読み取り ❸
「ぼくの物」という所有欲が強くなる
あれがほしいと思ったら、誰の物かは関係なく、自分で見つけた物は自分の物だと思い込みます。

育ちの読み取り ❹
自分の世界に入り込み、周りが見えにくい
「自分の物」を取られそうになって怒ったのに、逆に怒られてしまいました。それでも、他の代案には納得できません。

育ちの読み取り ❺
興味が転々として、持続力が途切れる
楽しい物が目に入った瞬間に気持ちが移り、今までこだわっていたことも忘れてしまいます。

事例から見る
子どもの育ち
自己発揮をしながら、自分の気持ちを伝える

この時期の子どもは、やりたい気持ちを全身で表します。自分がこれをしたいと思うと「ダメー！　ぼくの！」、保育者が「これは違うのよ。今、○○ちゃんが使ってたの」と説明しても、自分の物にしたいという所有欲があり、強引です。

自己発揮することは自我の芽生えであり、「ぼくは〜したいんだ」という自分が自分であることの確認でもあります。この時期、トラブルも多くなりますが、ありのままの自分を出すことで、相手とぶつかったり、

相手の気持ちを知ったりするなかで、やがては自分の気持ちに気づいて、自己確認をしていきます。

保育者が子どもの気持ちを認め、相手の気持ちも伝えて次への方向性を示すことで、少しずつ状況の理解もできていきます。保育者は、子どもが自分の思いを精いっぱい出すことを受け止め、そのときの気持ちを理解しましょう。保育者も全身全霊で子どもの遊びに向き合い、子どもの気持ちを理解することが大切です。

3歳児 2期
自己発揮期

道具を使って作る喜び
〜ハサミを使ってサラダ作り〜

集中して、チョッキンチョッキン

「おいしいサラダだよ」

コーナー遊びで、ハサミでチョッキン！

　ハサミを使って感覚遊びを楽しもうと、安全に配慮してハサミのコーナーを設定しました。一斉ではなくコーナー遊びから始めるため、細長く切った色とりどりの画用紙とトレー、ハサミ立てに入れたハサミを用意しておきました。

　さっそくマリエとナツミがやってきて、チョッキンチョッキンと切っています。チョッキン、と切り落とす感覚がおもしろいようで、とても集中して切っています。❶　いつのまにかトレーの中は、切れた画用紙でいっぱいです。「まあ、おいしそうね。これはなにかな？」と保育者が声をかけると、マリエが「わたしはトマト切ってるの」、ナツミは「わたしはおいしいキュウリ切ってるの」とすぐに反応します。「まあ、おいしい。お母さんみたいね」と保育者が共感してくれたことがうれしくて「今度はニンジン切るの」。興味をもった子どもたちも来て、入れ替わりながらやっていました。

みんなでサラダを作ろう

　切る遊びがだいぶ進んだところで、一斉活動でやってみることにしました。「おいし

これまでの経緯

ハサミのコーナーの設置
机を壁側に設置し、子どもが集中できるよう、壁に向かって座るようにして、安全性に配慮してハサミのコーナーを用意しました。一度に2、3人くらいができるようにします。

素材の準備
ひと裁ちで切れる感覚が味わえるように、画用紙を1.5cmの幅で準備。切れた紙片を入れるトレーも、1人に1つずつ用意しました。

育ちの読み取り ❶
**感覚的な遊びの
心地よさを味わう**

ハサミで切る感触や音、リズムの心地よさを感じています。

い野菜がいっぱい。いい匂いでしょ?」と保育者がいろいろな色の画用紙を持ってきました。赤・青・黄・オレンジ・黄緑の色画用紙を見せながら、「これはなにかな?」と子どもの鼻の近くに持っていくと、「あっ、イチゴだ」「ピーマンの匂いがする」「リンゴだ!」と子どもたちが次々とイメージします。

　保育者が「今日はお母さんになって、サラダを作ってみようか?」と、ハサミでチョッキンチョッキンと画用紙を切って見せると、「やりたーい」という声が上がりました。

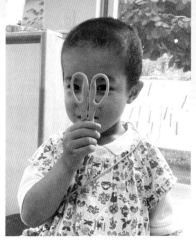

めがねで持つよ

ハサミで切るの、楽しいね

　「ハサミを渡します。手を切らないように気をつけて持ってね。持つときには、めがねで持とうね」と保育者がハサミの持ち手をのぞいて見せながら、ハサミを持つときの注意を伝え、一人ひとりにハサミを渡しました。

　テーブルの上に置かれた色画用紙を思い思いに取り、切り始めます。「先生、見て見て〜」、切れたうれしさを感じ、楽しそうにリズミカルに切るイズミ、切り落とした紙片の形の違いや意外性を楽しむハル。❷　紙を切り落とすときの感覚や感触の心地よさを味わいながら、繰り返し夢中になって切っています。コウキはハサミが初めてで、逆方向から切り始めています。うまく切れなくて困っていたところ、保育者が後ろから手を添えて、一緒にチョキチョキと口ずさみながら楽しく切りました。❸

　一人ひとりのトレーにはカラフルな紙片がいっぱいになり、おいしそうなサラダができました。「パクパク、おいしいね」と保育者も一緒に、みんなでサラダを食べました。

作った食材でおままごと

　翌日、切った紙片を本物のサラダボールに入れて、ままごとコーナーに置いておくと、さっそく子どもたちが鍋や茶碗に入れて、料理を始めました。画用紙に描いたお皿の絵の上に、紙片を並べる子どももいます。色とりどりの食材に、ままごとコーナーはいつもよりお母さんがたくさんいて、いろいろなごちそうを作っていました。❹

育ちの読み取り❷
道具を使うことのおもしろさを感じる
ハサミで切れた形の意外性や不思議さを感じ、素材や道具に興味をもって遊びます。

育ちの読み取り❸
自分でできたうれしさを味わう
初めてハサミを使って、保育者の援助を受けながら自分でできた喜びや、自分で切った物でサラダができあがるうれしさを感じます。

育ちの読み取り❹
友達の存在に気づく
ままごとの食材からイメージが広がり、お母さんになりきって遊ぶなかで、友達の存在を感じとっています。

事例から見る
子どもの育ち

道具を使って作る喜び、自分でできる喜びを感じる

　道具を使うことで、興味・関心が広がっていきます。ハサミは最初は難しいのですが、経験を重ねると操作しやすく、物を自分の思いどおりに切ることができます。安全な使い方も併せて知らせましょう。

　感覚を通して物事がわかっていく時期です。子どもは、紙を切る感覚の心地よさを味わいながら、切れるとうれしくて、何度も繰り返し没頭して集中します。保育者に「上手に切れたね」と共感されると、「ぼくね、

ニンジン切ってるの」と言葉が出ることで、無意識だったことが意識化され、「こんなに切れてうれしい」という自分の気持ちに少しずつ気づいていきます。

　何度も繰り返し繰り返しできるおもしろさ。ひと裁ち切りに慣れてきたら、少し長い紙を用意して続け切りや、丸い物を切ることなどに挑戦し、目と手を協応させて道具を使うおもしろさを経験しながら、思いどおりに切れるようになっていきます。

物と関わりながら集中して遊び、自分を発揮していく

この期の子どもの姿

受容されて安定した子どもたちは、徐々に遊び始めます。感覚・感触遊びを好み、自分のやりたいことを見つけて繰り返し没頭して遊び、満足し、遊具や道具などの物を媒介として、心が開放されていきます。感覚や感触を通して、自己を発揮していく時期です。自分中心なので、トラブルも多くなりますが、少しずつ相手の気持ちにも気づいていきます。

特性1 遊んでみたい物に関わり、興味・関心が広がっていく

園生活に慣れて気持ちが安定した子どもがふと周りを見ると、遊んでみたい物、おもしろそうな物があることに気づき、遊び始めます。やってみたいと思うことを手当たりしだいに試してみますが、ちょっとやってみて興味に合わなかったり、うまくできなかったりすると、すぐ次に移ります。

その場その場を楽しみ、自分を中心に、感覚的におもしろいことをして遊びます。遊ぶ物や場所が少しずつ広がり、園のいたる所に出かけては体全体で物と関わり、さらに興味や関心が広がっていきます。

特性2 感触・感覚的な遊びの場を広げ、五感を通して自分の気持ちにも気づいていく

感触・感覚遊びに興味をもちます。砂・泥・粘土など、力を加えて変形した形がそのまま残るような可塑性のある素材を好み、自分で素材を扱うおもしろさを体全体で感じています。ザラザラ・ヌルヌル・ペタペタなどの触感や匂い・音が五感を刺激して、うれしい・楽しい・冷たい・気持ちがいい、などの感覚につながり、自分の気持ちに気づいていきます。

自分でおもしろいことを見つけては遊び、気持ちのいいことを十分に味わおうとして、何度も繰り返しする楽しさを感じています。また、遊びながら言葉が出ることで、無意識だった自分の気持ちに気づいていきます。

特性 3 素材や道具を使い、やりたいことに没頭して遊ぶ

　砂場遊びや水遊び、絵の具・のり・ハサミ・セロハンテープを使った製作遊びなど、やりたいことがどんどん出てきて、素材や道具を使うことで、遊びの幅が広がっていきます。

　自分の思いどおりに操作しやすい道具を使い、物が変化するおもしろさに心がかき立てられて、やりたいことをやりたいように没頭して遊ぶことで、心が満たされていきます。子どもがやりたいことを、十分にできる環境づくりが必要になります。

特性 4 自分を発揮するなかで、友達とのトラブルを経験しながら友達の存在に気づく

　園生活が落ち着き、友達との生活を感じてきています。周りでもっとおもしろいことをしている友達に気づき、心がかき立てられたり、友達のすることを見て、まねをして、一緒にやったらもっと楽しくなることに気づきます。友達に興味があるのではなく、友達のやっている遊びに興味があるので、物の取り合いなどのトラブルも起こる時期ですが、相手とぶつかったりするなかで、友達の存在に気づいていきます。

この期のクラスづくりのpoint　保育者の援助と環境構成

ゆったりとした環境でたっぷり遊べる時間と刺激を保障

　園生活での場所や生活の仕方にも慣れ、自分で行動しようとします。また、友達との生活を感じてきています。保育者との関係性も増し、保育者が用意する活動や遊びをみんなで行う楽しさも感じています。

　この時期の子どもたちは、感覚・感触遊びを通して、自己発揮していきます。保育者はクラス一人ひとりを思い浮かべながら、遊びを用意しましょう。素材は種類を多くするよりも、量を十分に用意して、一人ひとりが満足できるようにします。取り合いになることなく、やりたい気持ちが満たされるような、ゆったりとした環境、たっぷり遊べる時間、刺激を受けられる仲間が大切です。

自己発揮している子どもを共感する・認める

　「うれしいね・楽しいね・よくやったね・悔しかったね」と思いを認められることで、少しずつ自分の気持ちに気づき、「自分を出していいんだ」と、ありのままを認めてもらえる安心感をもつことができます。その積み重ねが、保育者や、その先の人への信頼感につながります。

　やりたい気持ちがあふれて、それができる子どもの幸せな営みを大事にしつつ、周りの人に迷惑をかけていることには、はっきりと周りの子どもの気持ちを知らせたり、区切りをつけたりする必要があります。ありのままの自分を出すことを止めるのではなく、子どもが自分で抑制できるようになる可能性に向けて、保育者が方向性を示すことが大切です。

3歳児 3期
自己主張期

友達が気になり始める
〜わたしがここに座りたい〜

「ここに座りたい！」

「だって、コウちゃんの隣がいいんだもん」

帰りの時間、クラスの集まりで

　帰りの会が始まります。保育者がクラスの人数分の椅子を並べ始めると、子どもたちも仕度をして、好きな所に座り始めました。身支度にはだいぶ慣れてきたので、保育者が手伝わなくても自分で行う子が徐々に増えてきました。

　でもなかには、座る場所がなかなか決まらずにフラフラ歩いている子、一度座ってもまた場所を移動する子、友達とふざけていて座らない子、そして気づくとまだ保育室の外にいる子もいます。

　保育者がふと見ると、リンが、すでに座っているサラの前でなにか言っているようです。サラは聞こえているのかいないのか、知らん顔です。どうやらサラが座っている場所に、リンも座りたいようです。❶　隣ではコウタがその様子を見ています。リンは、どうしてもそこがいいようで、その場から動こうとしません。

ここがいいの！　コウちゃんの隣！

　保育者が、リンに声をかけました。

育ちの背景

思い通りにならないことがあったとき、まだ言葉で説明がうまくできないことが多々あります。泣いてしまう場面でも、保育者が気持ちを言葉にしながら整理してみると、落ち着いてきて、折り合いをつけられることがあります。

これまでの経緯

今までは、興味あること（物）が同じということで、一緒に過ごしていた人間関係でしたが、最近はその先の「人」の存在に気づき、「○○ちゃんと一緒にいたい」と特定の子を意識して、気持ちを表すようになってきました。

保育者「リンちゃん、座らないの？　空いている所あるわよ」

リン「ここがいい！」

保育者「でも、ここはもう、サラちゃんが座ってるね」

リン「ダメ！　ここがいいの！」

保育者「どうしてここがいいの？」

リン「だって、コウちゃんの隣がいいんだもん！」❷

保育者「そうか、コウちゃんの隣に座りたかったのね。困ったね…、どうしようか」

状況を整理して言葉にする

理由がわかった保育者は、今度はサラにも聞いてみることにしました。

保育者「サラちゃん…、リンちゃんがどうしても、コウちゃんの隣に座りたいんだって。
　　　サラちゃんが先に座ってたんだよね。どうしよう…？」

サラ「でも…、わたしもここがいい！」

サラも、自分の気持ちをはっきりと言います。でも目の前から動かないリンを見て、どうしたらいいのかとサラも困った顔をしています。そこで保育者は、リンに提案してみることにしました。

保育者「リンちゃん、今はサラちゃんが先に座っているから、ここには座れないね。
　　　だから明日のお弁当のとき、コウちゃんの隣に座るのはどうかな？」

リンは少し考えてから、

リン「…じゃあ、そうする。明日、コウちゃんの隣に座る」❸

保育者「コウちゃんもいい？」

コウ「いいよ。リンちゃん、明日コウの隣に座ってもいいよ」❹

保育者「リンちゃん、我慢できてえらかったね。明日コウちゃんと座ろうね。サラちゃ
　　　んも大丈夫よ、そこに座っていて大丈夫」

リンが気持ちを切り替えた様子に、サラもホッとしたようで、帰りの会が始まりました。

育ちの読み取り ❶

こだわりがある

「ここに座りたい」と強い意志を表現しています。その理由もあり、思いを主張するようになってきました。

育ちの読み取り ❷

友達が気になる

毎日、物と関わって遊んできた先に、それを使っている友達が気になるようになってきました。

育ちの読み取り ❸

折り合いをつける

「明日は…」という保育者の提案を聞き、気持ちを切り替えています。少しずつ人の意見を聞けるようになってきています。

育ちの読み取り ❹

聞く・伝える

混乱する思いや状況のなかでも、保育者の言葉を聞きながら、順を追って自分の言葉で話すようになってきます。

2章

3歳児

3期

4歳児

5歳児

事例から見る子どもの育ち

物の先に友達が見えてくる

今までは、座る場所はただの椅子（物）で、空いている場所を探していましたが、「○○ちゃんの隣の椅子」というように、友達の存在を意識した行動が見られるようになってきます。これは、今までよりも視野が広がったことはもちろんですが、同じクラスで過ごす友達への関心が高まってきているということです。ですから、ただ椅子を差し出されても、それでは納得できないのです。保育者は、「○○ちゃんの隣」に座りたいという気持ちを受けとめたうえで、どうしたら気持ちの切り替えができるかを考えます。こだわりに気づいてその気持ちに寄り添い、「明日は座れる」という代案を伝えることで、子ども自身が理解して、納得することができました。

視野が広がり、たとえ思いどおりにならないときでも、保育者と一緒にだんだんと気持ちを切り替えられるようになっていきます。

3歳児 3期
自己主張期

手伝いを喜び、自ら行う
～先生のお手伝い、したい！～

かわるがわる何度もテーブルを拭く

「ぼくがやる」「わたしもやる」

みんな、やりたい！

　昼になり、保育者はそろそろお弁当にしようと、支度を始めました。まず机を運びます。すると子どもたちが、そのお手伝いをしに来ました。1人、また1人…ついには大勢が集まってきて、1台の机をみんなで取り囲み、運ぼうとします。❶　保育者は手を挟まないように気をつけながら、子どもたちに手伝ってもらいました。みんな楽しそうに運び、あっという間に4台の机が並びました。みんな保育者のすることをよく見ていて、手伝いたくてたまらないのです。保育者が次の準備を始めると、また大勢の子どもたちが集まってきます。

テーブルも拭きたい

　次の準備はテーブルを拭く仕事です。いつも保育者がやっているのを見て、覚えているのです。このときも「わたしもやりたい！」「ぼくも！」と大勢の子が手伝いにやってきました。❶　座っている子の方が少ないくらい、クラスのほとんどの子が出てきています。そこで保育者は、小さな布巾をたくさん用意しました。1人1枚ずつ布巾を持

育ちの背景

クラスの友達の前に立ってなにかをすることが、特別感があって好き、という子が増えてきました。前に出る機会を多くつくる工夫をして、なるべく多くの子が前に立てるようにすると、それぞれが満たされます。

育ちの読み取り ❶
手伝う喜び

できることが増えてきて、保育者を手伝うことがおもしろくなります。ほめられることで、いっそうやる気が出てきます。

つと、それはうれしそうに張り切って、机を拭いています。拭き終わった机も、また何回も、いろいろな子がかわるがわる拭いていきます。②

保育者役になって歌う

　机を拭き終わる頃、保育者はピアノの前に座り、弾き始めました。集まりの始めには歌を歌うことが多いので、ピアノに合わせてみんな自然に歌い始めます。③　すると何人かの子が前に出てきて、保育者役になって、みんなの前で歌い始めました。④それを見て「ぼくも！」「わたしも！」とまたまた大勢の子が出てきます。その様子を見て保育者は、子どもたちが知っている曲を何曲か続けて弾き、出てきた子は一列に並んで一緒に歌いました。その姿はとても満足気でした。

みんなが前に出て「いただきます」

　席に着いて、それぞれがバッグからお弁当・ランチョンマット・コップ・箸を出します。もう慣れているため、ほとんどの子が手早く上手に支度をします。③　ゆっくりな子には保育者が声をかけながら、全員ができたところで「いただきます」の挨拶をします。

　保育者が、「いただきますの挨拶をしてくれる人、いますか？」と聞くと、また次々に大勢が前に出てきました。最後にはクラスのほとんどが前に来て、みんなで「いただきます」の挨拶をすることになりました。④

　毎日のお弁当の時間にも、こんなふうに子どもたちが手伝える場面がたくさんあり、保育者はそれをおおらかに受けとめて、子どもたちの満足感につなげていきます。

みんなが前に出てきて「いただきます！」

育ちの読み取り②
やりたいことができる喜び
自分の思うことが、思うようにできるようになってきました。まだ未熟ですが、本人にとってはうれしいことです。

育ちの読み取り③
準備の流れがわかる
生活に慣れ、保育者の動きをよく見て覚えています。次に自分がすることも、よく理解しています。

育ちの読み取り④
注目される喜び
みんなに自分を知ってもらいたい気持ちがあり、自分を見てもらったり、友達のまねをしたりして、注目を集めようとします。

事例から見る子どもの育ち

自分の存在が認められることがうれしい

　「やりたいことができる」というのは、1人の人として意欲的に生活する基盤となります。毎日の生活のなかで身についたことや、予測できることなどを元に、自分のやりたいことのイメージを膨らませていきます。

　あれもやりたい、これもやりたい、とやりたいことがたくさんあり、そのなかから自分の思いで、また時には友達と思いを共有して、イメージを実現させていく姿が見られます。その姿を周りからほめてもらうこ

とで、認められたという思いで自信がつき、繰り返しやってみたり、長い時間取り組んだりするようになります。

　このように、自分の力を周囲にも認めてほしいという欲求が強くなる時期でもあります。一人ひとりの個性を保育者に認められ、自己アピールを受け止められることの繰り返しが、その子らしさの成長につながっていくでしょう。

3歳児 3期
自己主張期

なりきって遊ぶ
～それぞれが役割を楽しむ病院ごっこ～

「ピーポー、救急車です！」

「どうしたんですか？　今、助けます！」

お気に入りのコーナーで遊ぶ

　絵本コーナーは、一段高くなったじゅうたん敷きの囲われたスペースで、子どもたちのお気に入りの場所です。今日も女児が数名集まって、遊びが始まっています。

　真ん中で床に寝転んでいるのはハナです。ハナは目をつぶったまま、じっとしています。周りの友達が体を揺すっても、まったく動く気配はありません。ハナは普段からなにかになりきって遊ぶのが大好きで、そのなりきりの様子が見事なので、友達は引き込まれていきます。

　そこへ、サイレンを鳴らして救急車がやってきました。
エリ「すいませ〜ん！　救急車です。どうしたんですか？　今、助けます！」

　エリはまるでハンドルを握って救急車を運転しているような手つきで、救急隊員になりきっています。❶　敬礼も救急隊のイメージなのでしょう。しっかりと額に手を当てキリリとしています。救急車にはナルミも乗ってきました。

　エリは横たわっているハナを見て、体を揺すってみます。でもハナは動きません。何人もの子どもが、かなり激しくハナを揺さぶってみています。

育ちの背景

はじめから一緒に遊んでいなくても、おもしろそうなことをしている友達がいると、興味をもって近づき、自分にできる役割を探して一緒に遊び始めます。園の環境に慣れて、視野が広がり、楽しそうなことによく気づきます。

育ちの読み取り ❶
イメージが明確になる

遊びのなかでイメージが明確になり、友達と同じ場面を想像しながら遊ぶようになってきています。

しんじゃってるんじゃない？

　ハナを取り囲んだ女児たちが、思い思いの言葉を発しています。❷　その表情も真剣そのもの。病人を囲んで、本当に緊急事態という雰囲気です。

サヤカ「しんじゃったのかも…」

エリ「すぐ病院にいきましょう！」

アヤ「寝てるだけだよ！」

ミユ「苦しいんじゃない？」

メイ「やっぱりしんじゃってるんじゃない？」

アヤ「もしもし、病院ですか？」

　動かないハナを前にして、「しんじゃってる」という言葉も出ています。そして病院に電話をしている子がいたり、うちわであおぐ子がいたり、大騒ぎです。❸　みんななんとかしてハナを助けようとしています。それでも真ん中にいるハナは少しも動かず、目も閉じたまま、見事に病人になりきっていました。

それぞれが自分の役割を考えて遊びに参加

　病人を囲んで、1人ずつが自分で考えた仕事を精いっぱいやって、病人を助けようとしています。❹　緊急事態が発生していることを、慌てたようなしぐさや表情、言葉づかいで表現して、長い時間同じ場所にとどまり、大人数で病院ごっこが続きました。

育ちの読み取り ❷
会話でやりとりする

語彙が増え、状況を言葉で説明できるようになります。遊びながら言葉でのやりとりが増えます。

育ちの読み取り ❸
生活の経験が再現される

生活するなかで見たこと、聞いたこと、経験したことを、遊びのなかで再現していることが多くあります。

育ちの読み取り ❹
役割ができてくる

友達のなかで自分を出せるようになり、自分がやりたい役になりきることを楽しむようになっています。

事例から見る 子どもの育ち

イメージを伝え合い、ごっこ遊びを楽しむ

　園の環境に慣れてきて、遊びが活発になってきました。そのなかで友達を意識し始め、一緒に遊ぶことが楽しくなってきています。

　遊ぶときのイメージもはっきりしてきて、それを言葉で伝え合い、場や物を共有しながら「ごっこ遊び」をしています。ごっこ遊びを通して友達のなかでも自分を出せるようになってきました。

　なりきり、まねをする姿には、日頃の生活経験が反映されていて、ごっこ遊びで子どもの頭のなかが整理されていく様子も感じられます。

　まだ全員で「イメージの共有」をすることは難しく、一人ひとりがもつイメージにはずれがありますが、思い思いのことをしながらも、それが楽しくて仕方ないのです。日常の生活体験や知識をフル稼働して、一生懸命いろいろなことを考えながら、この時期、ごっこ遊びを毎日繰り返し楽しんでいます。その繰り返しのなかで、みんなのなかで生かされている自分も知っていきます。

関心は、物（もの）から者（もの）へ

この期の子どもの姿

好きなこと・興味あることに没頭して、繰り返し遊ぶ「物」への関心から、次第に、物の先にいる「人」に関心をもち始めるのがこの時期です。同じクラスの友達や年長者の姿を見ながら、たくさんの刺激を受け、興味の幅を広げながらいろいろなことに挑戦する姿が見られます。また、みんなのなかでの自分を意識し、自分を出していくようになります。

特性1　遊びが活発になり、積極的に体を動かすようになる

自分の身体のイメージがつくようになってきた子どもたちは、走ったり、ジャンプしたりとダイナミックに動き回ります。手足のバランスもよくなり、動きが滑らかになってきました。

また、手先も器用になり、細かな作業もだいぶできるようになります。ボタンを上手にかけられるようになったことで、着替えもスムーズになります。自分でできることが増えることは、自信につながります。

特性2　友達への関心が高まり、存在を意識するようになる

集団で生活するうちに、友達の存在が気になり、声をかけたりまねをしたりして、一緒に遊ぶようになります。これまでの生活経験から「友達と一緒にいるのが楽しい」ということがわかってきて、常に存在を意識しながら生活するようになります。

いろいろな友達がいることにも敏感に気づき、遊びの先に友達の存在を見て、自分が興味ある友達に近づいていく姿も見られます。

特性3　自分を主張するようになり、承認欲求も高くなる

友達といるときに、自分の存在をアピールするようになってきます。時にはそのアピールが強く、ケンカやトラブルになることも増えてきます。また他の子を意識して、優位に立ちたいという気持ちをもつ子も少しずつ出てきます。

保育者は一人ひとりが「ぼくを見て！　わたしを見て！」という気持ちをもっていることを忘れずに、それを認める具体的な声かけをしていきましょう。

特性 4 遊びのイメージが明確になってくる

生活で経験したことをもとに、「こんなふうにしたい」という具体的なイメージをもって遊ぶ姿が見られます。イメージを表現するために必要な物を集めてきたり、言葉づかいも変えてみたりと、自分たちでできることを探しながら楽しんでいます。

遊びのなかでの役割も自然とできてきて、途中から参加する子も自分で役割を考えて参加することで、遊びが広がります。保育者は、使えそうな物を提供したり、途中から参加する子の仲立ちをするなど、さまざまな配慮が必要です。

特性 5 語彙が増え、友達と遊びのなかで会話する

友達と「言葉」でもつながれるようになり、会話しながら遊びを発展させています。イメージを共有するための状況説明や、役割の説明などもできるようになってきて、遊びが継続するようになります。

また、文章で話すこともできるようになり、経験したことを自分の言葉で話せるようになってきます。

この期の
クラスづくりの
point

保育者の援助と環境構成

認めてほしい気持ちを受けとめる

園生活に慣れ、安心し、安定した気持ちでいろいろなことに意欲的に取り組み、「見て、見て！」と気持ちをアピールします。アピールしたい気持ちを伝えたり、発表したりする場をつくりましょう。例えば、小さな台やステージ・マイクなどを準備して、そこで話す機会を設けます。自分の話したいことを保育者や友達に聞いてもらったり、認められ共感してもらったことが喜びとなり、次の意欲につながります。

恥ずかしがる子どもには、保育者がインタビュアーとなり「〜だったの？」「すると？」など、子どもが話しやすいようにつないだり、ヒントを出したりする役目をして、言葉を引き出すとよいですね。そうして話せたことを大いにほめましょう。人のなかで自分を出す経験が、自信につながります。

自分で決める場面がある生活

さまざまな場面で意欲的になってくる時期です。その意欲を大切にする工夫として、活動に「自分で選ぶ」機会をつくりましょう。その経験は、子どもたちが主体的に活動に取り組む基礎となります。

例えば、お話遊びに登場する動物を自分たちで決めるとか、お店屋さんごっこでなんのお店をするか決めるとか、小さなことからでよいのです。自分が参加して決めたという意識があると、活動の意欲がぐんと高まります。

こうした経験は後々「自分の意志をもち、それを表現する」ことにつながっていきます。3歳児なりの、主体的な姿を意識した声かけをしていきましょう。

3歳児 4期
仲間意識期

挑戦する心の芽生え
〜登り棒、できるようになったよ！〜

「先生、足持って！」

ゆらゆらする網を登って、なんとか上まで到着

友達の姿に、やる気スイッチ・オン！

「きょうは、三輪車をしたい！」「鬼ごっこしたい！」という思いと意欲が高まり、朝一番に外へ飛び出していく3歳児たち。

ケイタにとって登り棒は、これまで通り過ぎていた遊具です。「大きい組さんすごいな」と憧れてはいたものの、「高くて怖いな…」と尻込みしていました。

その日、ケイタの前で、同じクラスのミキが「先生見てて」と張り切って登り網を登り、棒につかまって上から颯爽と下りてきました。「えっ、ミキちゃん、できるの?!」と、ケイタは始めは目を丸くして見ていましたが、同じクラスの友達がスルスルと棒を下りてくる姿を見て、刺激を受けたようです。❶

ケイタの挑戦

ケイタは、まずは登り棒の横の網を登ることから挑戦し始めました。足をかける度に揺れる網。手と足を交互に進め、体をガクガクさせながら、なんとか上まで到着することができ、ニコニコ笑顔です。❷　けれど、いざ棒を下りようと下を見ると、そこ

育ちの背景

運動会後、自分の思うように体を動かせるようになりました。また、走ったりジャンプしたりと、体を動かすことに喜びを感じています。

育ちの読み取り❶
友達からの刺激
同じクラスの友達ができるということは、自分もできるという期待につながります。まねをすることで挑戦する心が芽生えます。

は予想外の高さです。これまで友達の様子を見ていたので、登ったあとどうするかという手順はわかっていたのですが、勇気が出ずに断念。網を使って下りてきました。

次の日は、上に座ってから10分ほど、何度も体を前に出そうとしますが、その一歩の勇気が出せません。すると、隣から「先生、足持って！」の声。見るとアサヒが保育者に足の下を支えてもらって、下まで下りていきます。その様子を見ていたケイタも、「先生、足持って」と保育者に手助けを求めてみました。そして、保育者に支えられながら、なんとか下まで到着。❸　緊張でぷるぷるした足が地面に着くまで保育者が手助けし、初めての成功を一緒に喜びました。緊張感がほぐれたとき、とびきりの笑顔になりました。

「見て見て！　1人でできるよ！」

1人でできるもん

一度成功すると、何度もするのがお決まりです。それから何度も、「先生！」と呼んでは保育者の手を借りながら挑戦。だんだんと足を支えてもらう距離が短くなっていきました。

そして、とうとう自分1人でできた日。ケイタは「先生、来て来て！」と保育者の手をぎゅっと握って、ぐいぐい引っ張りながら登り棒に連れて行きました。「見てて！」と勢いよく網を登ると、スルスルと棒を下りる姿を披露してくれました。❹　その姿にはできるようになった達成感と自信がうかがえ、降園時には保護者にも得意気に披露していました。

育ちの読み取り❷

手足の動きがスムーズに

走る姿が左右にぶれなくなったり、「こう動きたい」というイメージで体を動かせるようになってきます。

育ちの読み取り❸

保育者の助けがきっかけに

子どもの、できるようになりたい気持ちがかなうには、保育者の助けがきっかけになることもあります。

育ちの読み取り❹

認められることで次の意欲へ

見てほしくて何度も挑戦します。できたことで達成感を感じ、次の挑戦への意欲にもつながります。

事例から見る 子どもの育ち

体のバランスをとって動かせるようになり、意欲をもって挑戦する

走る・ぶら下がる・ケンケンする・ジャンプするなどの粗大運動がスムーズになり、活発に遊ぶようになります。子ども自身、自由に体を動かせるようになる感覚から、鉄棒・登り棒・坂道登り・三輪車など、たくさんの遊具に何度も挑戦し、繰り返し夢中になって遊ぶ姿が見られます。

挑戦するには勇気を伴うこともあります。「やってみたい、でも怖い」、他の子ができたことに「すごい、いいな、でもできない」といった葛藤の気持ちもありますが、できるようになった友達の存在が刺激となって挑戦心をくすぐられたり、友達をまねることから、技術を獲得していくことも多いです。

そのなかで、できなかったことができるようになったことを喜び、その姿を保育者に見てもらい、認めてもらうことでさらに自信につながっていきます。

3歳児 4期
仲間意識期

イメージを共有して形にする
～本物みたいな剣を作りたい！～

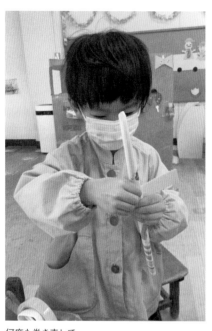
何度も巻き直して…

「もっと細くしたいんだ」

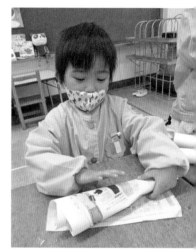
「ぼくも作りたい」

剣名人のジュンを見て

　今、製作遊びが大好きなジュン。毎日登園するとすぐに製作コーナーに向かいます。集まりの時間になっても製作が途中だと、片づけに移れずに泣くほど製作に没頭しています。

　最近、クラスでは剣作りが盛んです。子どもたちは、始めは柔らかい素材の剣を保育者と一緒に作っていました。思いを形にすることが得意なジュンは、イメージする剣を作ろうとして、少しでも力が抜けて剣が曲がったりすると「もーっ！」と言いながらも、何度もチャレンジしています。続けるうちにコツをつかんで、思いどおりの剣がスムーズに作れるようになりました。友達の分も作ってあげるようになり、「剣名人」と呼ばれています。

　その姿を見ていたユウキ。「ぼくも作りたい」と挑戦するようになりました。ジュンは、「こうするんだよ」とそっと隣で教えたり、できるまで見ていたりしています。❶

これまでの経緯

秋頃には製作が盛んになり、部屋のあちこちで剣を作る子、牛乳パックをつなげて新幹線を作る子など、それぞれが自分の作りたいものを製作しています。

育ちの読み取り❶
友達の遊びをまねる

友達の遊びを見て、やってみたいと思い、一緒にすることで、まねをして刺激を取り入れて遊びを広げていきます。

ウルトラマンの剣を作りたい

実は、ユウキはウルトラマンが大好きです。クラスにあるウルトラマン図鑑には、ウルトラマンのアイテムが掲載されています。その剣に憧れたユウキは、保育者に図鑑を見せながら「これを作りたい！」と言ってきました。保育者は、「そうね、この紙はどうかな？」「どう切るといいかな？」などユウキと話しながら完成させていきました。② できあがると大喜びのユウキ。それを見たソウタは、「ぼくもウルトラマンになりたい！」と剣を持ってきて、戦いごっこが始まりました。お互いに剣を持つことでイメージが具体的になり、剣と剣をぶつけ合うことで、関わりも生まれていきました。

こだわりの剣ができた！

その様子を横目で見ていたジュンは、「ぼくは、これを作りたい！」と図鑑から作りたい剣を決定しました。製作でイメージを形にしたいジュン、剣作りに妥協はありません。「これだとすぐ折れるよ」「ここがもっと曲がってカッコいいんだから」と、思いをはっきり主張します。③「この紙は？」の保育者の提案に、1つずつ自分で挑戦して、厚紙は丸まりにくいこと、ピカピカの紙はハサミで切るときに力がいることなどを覚えていきました。④

イメージする剣に付いている飾りを付けたくて、「できない」と半泣きで訴えてきます。保育者が手伝おうとすると「自分でやりたい」と主張。「形を描いてから切ってみたら？」と助言を受けて自分で描いてみるものの、「違う、こうじゃない」と納得しません。「じゃあ、これはどうかな？」と保育者がイメージを描いてみると、「ここがこうなってて、光が出るんだ！」と怒りながらも必死で説明するジュン。何度も挑戦して、ついに保育者と一緒に思いどおりの剣を作り、大満足でした。

それぞれ自分の思いを形にしたジュン・ユウキ・ソウタの3人が仲間になり、ウルトラヒーローごっこで遊ぶ姿が見られるようになりました。

育ちの読み取り ②
道具を使いこなす

ハサミで直線や簡単な曲線を切ったり、適度な長さにセロハンテープを切って素材同士を接着できるようになっています。

ウルトラマンの剣ができた！

育ちの読み取り ③
自分の思いを主張する

作りたい物がはっきりして、「違う」「こうだよ」など言葉で保育者や友達に説明しようとします。

育ちの読み取り ④
手先が器用になる

手先の巧緻性が高まり、力を調節しながら紙を丸めたり、簡単な曲線を切ったりするなどの動作ができるようになってきました。

事例から見る 子どもの育ち 　　**思いと技術の獲得でイメージを実現していく**

この時期になると、こうしたい、これを作りたい、という思いが明確になり、この遊びにはなにが必要かを考えたり、友達が持っている物に刺激を受けてまねしたりするようになります。

作りたい思いを実現するためには、切る・丸める・のり付けするなどの技術が獲得されていて、ハサミやセロハンテープなどの道具が扱えることが大事です。

まだ技術や、どの材料を使うと達成できるかなどの経験や推測の未熟な3歳児には、イメージを言葉で説明する意欲や思いを、保育者が読みとって援助しましょう。そうして保育者に助けられながら、力を駆使して思いが実現できた喜びが、次への意欲につながり、友達との遊びが充実していきます。

作った物を使って、2〜3人でイメージを共有しながらごっこ遊びを楽しみ、遊びの継続時間も長くなります。

3歳児 4期
仲間意識期

友達と一緒が楽しい
～気の合う友達とおうちごっこ～

おそろいのアイテムをいっぱい身に着けて

おうち作りの場が広がる

2人は仲よし

　仲よしのサワとリコ。2人の遊びのお決まりの流れは、まず変身するためのアイテムを作ること。遊びに使うものを作るのが上手になって、お面やベルト、バッグやネックレスを作ったら、それを身に着けて準備OK。行動範囲も広がり、テラスから廊下へと園内をぐるぐると回ってお散歩します。

　この日も2人は、ティッシュペーパーの箱で作ったおそろいの大型携帯電話を持っています。ネックレスも身に着けて、なにやらおしゃべりです。

　お気に入りの携帯電話で、「もしもし、いないの？」「じゃ、メールしておく」と自分の世界で話しながら歩きます。保育者が「どこに行くの？」と声をかけると、「これからおつかいに行くの」「早く行かないとね」と、すっかりおしゃれなお姉さんになりきって答え、顔を見合わせてはにっこりして、足早に出かけていきました。❶

これまでの経緯

7月頃、おうちごっこが好きな子がままごとコーナーに集まるようになりました。顔を合わせるうちに気が合い、お互いの登園を待って遊ぶように。2学期に入るとさらに仲よくなりました。

育ちの読み取り❶
イメージを共有する

ごっこ遊びが成り立つ条件の1つは、シチュエーションの共有があること。共通のイメージをもち、しぐさや言葉でその役になりきっています。

わたしたちのおうち

　サワとリコのごっこ遊びは、いつもままごとコーナーで始まっていました。ある日、保育者が環境としてレジャーシートを用意したところ、さっそくテラスに広げておうち作りが始まりました。それぞれが自分のシートを広げてままごと道具を持ち込んで、自分たちのおうちができあがりました。

　「ピンポーン」「どうぞ」「遊びに来ました」❷　とおじぎをしたり、お互いのシートを行き来したりして、ごっこ遊びが続きます。ご飯を作って食べたり、ぬいぐるみの世話をしたり、相手の動きに合わせて、同じ動きやしぐさをして楽しんでいます。❸

みんなのおうちへの広がり

　おうちごっこが盛んになると、一緒に遊ぶ子どもが増えてきます。「きょうは、わたしはお母さんね」「いいよ」「ネコになる！」「わたしも」など、それぞれがなりたい役を伝えて、ごっこ遊びが始まります。

　おうちの中では、フライパンでホットケーキを焼いて、フライ返しでひっくり返したり、フェルトで作った野菜をトングで挟んでお皿に取り分けたりと、さまざまなしぐさが増えてきました。そうなると、フライ返しが使いたくて「早く貸して！」「まだ使ったばっかりだよ」としたいことを訴えたり、「わたしがネコに餌をあげるからいいの！」と思いを強く主張したりしています。❹

少々のぶつかり合いはあるものの、友達と一緒のおうちにいることや会話をやりとりすることが楽しく、遊びを続けています。

育ちの読み取り❷
会話のやりとりを楽しむ
相手の話に返事をしたり、挨拶を交わしたりして言葉で場面をつなぎ、ごっこ遊びを進めていきます。

育ちの読み取り❸
まねっこ大好き
同じことをするのがうれしく楽しくて、遊びが続きます。まねは仲よしの証しであり、学びの始まりです。

育ちの読み取り❹
思いを言葉で言い合う
遊びのなかで、したいことがはっきりしてくるので、思いを言い合ってぶつかり合うこともあります。

事例から見る子どもの育ち

友達と場やイメージを共有して遊びを楽しむようになる

　気の合う友達ができ、一緒にいることで安心して遊びを進めていくようになります。友達と同じことをすることが楽しく、同じ物を作って身に着けることを喜びます。

　また同じ場所で遊ぶことで、安定して自分たちの遊び場を確保していきます。例えば、コーナー・積み木で囲んだ場所・滑り台の下や切り株の周りなど、お気に入りの場所を共有する姿が見られます。

　その後、そこで展開されるストーリーをおもしろがるようになり、イメージを共有して、1つの遊びをする時間が長くなっていきます。

　同じ人と同じ場所で、イメージを合わせて会話を広げながら共感して遊ぶことで、仲間関係が深まっていきます。人数も増えて3～5人で遊びを楽しむようになっていきます。

3歳児 4期
仲間意識期

友達と一緒に遊びを楽しむ

この期の
子どもの姿

この時期の3歳児は、友達と一緒にいることや遊ぶこと、話すことが楽しくなってきます。友達のなかに自分と違う遊びや言葉を見つけると、あっという間にそれを吸収し、自分のものにしてしまいます。やる気もさらに出てきて、遊びをよりおもしろくしてみようとあれこれ考え、工夫も見られます。気持ちが安定したなかでさらに遊びを広げ、楽しんでいきます。

特性 1 体の使い方がスムーズになる

ジャンプ・ケンケン・ぶら下がるなど四肢の発達が進み、たくさん体を動かして遊ぶようになります。走り方も左右のバランスをとりながら走れるようになり、安定します。体力もついてきて遊びに何回も挑戦します。

手先の協応性が発達し、小さな物をつまむ・穴にひもを通すなど細やかな動きもできるようになり、遊びに集中します。簡単な曲線をハサミで切る・紙を丸めるなど、経験を通して製作の技術が獲得されていきます。

特性 2 意欲が芽生え、興味があることに挑戦するようになる

鉄棒にしがみついてぶら下がったり、三輪車をこいだりといった、操作性を伴う運動を好みます。遊びに活発さが増して、「これしたい」「やってみる！」と新しいことや少し難しいことにも挑戦します。

製作でも、作りたい物のイメージがはっきりしてきて、したいことを実現するまでがんばったり、思いを主張したりして、積極的に遊びを展開していきます。

特性 3 友達とイメージを共有してごっこ遊びを楽しむ

気の合う友達ができると、同じ場所で、同じメンバーと、同じ遊びをすることを楽しみます。友達と一緒に遊ぶことに喜びを感じ、ごっこ遊びのなかで、同じアイテムを身に着けてイメージを共有したり、お気に入りの場所をつくったりすることで仲間意識が深まっていきます。絵本をイメージして列になってつながったり、せりふを言ったり、なりきったしぐさをしたりして、クラスの友達とごっこ遊びをすることをおもしろがります。動きや声を合わせるわらべうたや伝承遊びも盛り上がります。

特性 4 遊びのなかで言葉でのやりとりが多くなり、会話が弾むようになる

友達に共感して「ワー、キャー」と擬音語で楽しさを表現していた3歳児も「わたし、イチゴが好き」「わたしも」と同意したり、イチゴからイチゴ狩りの話をしたり、友達が話す言葉に反応して話を広げて楽しみます。ごっこ遊びのなかでも、役になりきったしぐさとともに、声色を変えて言い方をまねてみたり、「ピンポーン」「どうぞ」などと友達とやりとりしながら、遊びを進めていくようになります。

特性 5 友達から刺激を受けて遊びを広げる

クラスの友達や大きい組がしていることに憧れをもち、まねをして遊びに取り入れていきます。運動会で他学年の競技を見てダンスをしたり、他のクラスのお店屋さんに買い物に行くなど、行動範囲も広がります。周囲への関心が高まり、おもしろそうだと思ったことを自分の遊びに取り入れながら、遊びを広げていきます。友達と一緒に遊びを展開することの喜びから、1つの遊びの継続時間が長くなります。

この期のクラスづくりのpoint

保育者の援助と環境構成

好きな友達と一緒に遊べる場や時間を保障する

気の合う友達ができて、したいことが明確になってきます。おうちごっこやヒーローごっこなどのごっこ遊びが落ち着いてできる場を設定していきましょう。おうちごっこなどでは、場所を区切ったり、動きを伴ったしぐさを楽しめるように、家事や料理を再現できる道具を準備するとよいでしょう。

また、ヒーローごっこやお店屋さんごっこなどに必要な品物やアイテムを作れるような、製作コーナーも大事です。子どもの技術を把握して、紙テープやビニールテープを自分で切れるようにしたり、画用紙の大きさや厚さを検討するなどして、「自分でできた！」という気持ちが感じ取れるようにするといいですね。

友達と共感できる遊びを取り入れる

一緒にいる楽しさがわかると、せりふや動きを伴って友達と同じことをすることを喜びます。絵本を題材にして登場人物の動きをしたり、お決まりのせりふを言ったりして、劇ごっこを取り入れてみましょう。子どもたちは、イメージを共有して友達とつながったり逃げたりする動作や、せりふのやりとりを楽しみます。おにごっこ・じゃんけん遊び・電車ごっこなどを、保育者がモデルとなって一緒に楽しみましょう。

遊びのなかで、思いやイメージがはっきりすると、互いに主張してぶつかり合うことも増えます。保育者が代弁したり仲立ちしたりしながら、それぞれの思いを出し合って、遊びが継続するように援助しましょう。

3歳児 5期
自己充実期

友達と一緒に工夫して遊ぶ
～お正月遊びのおもしろさを味わう～

「1が出た。なにか書いてあるよ」

身を乗り出して「はい！」

すごろくで数を体験

　4人の男児がすごろくを始めました。リクがさいころを振り「3」の目が出ました。リクは「イチ、ニ、サン」と数えながらコマを3つ進めました。次にソウが振り「6」の目が出ると、みんな戸惑っています。見ていた保育者が「これ、6よ。イチ、ニ、サン、シ、ゴ、ロク」とさいころの目を指さしながら数え方を伝えると、ソウはコマを6つ進めました。次にタケルが「1」を出して1つ進むと、そこに何か書いてあります。

　ソウが「なんかここに書いてある」とマスの文字を指さすと、保育者が「これは、1回休みって書いてあるの。タケルくん、次お休みになるんだよ」と教えました。カイトが「へぇ〜、1回休みなんだって」とタケルに言います。

　時々進む方向を間違えたり、マスに書いてある文字がわからなかったりすると保育者に聞いたりしながら、4人で長い時間、すごろくを行っていました。❶

自分たちで進めるかるた遊び

　5人の子どもたちが、段ボール片に絵を描いた保育者お手製のかるたをしています。

これまでの経緯

冬休み明けの保育室に、お正月遊びコーナーを設定しておきました。登園してきた子どもたちは興味を示し、さっそく遊び始めました。

育ちの読み取り❶
意欲が高まる

できることが増え、自分に自信がついたことで「やりたい」「試したい」という意欲が高まっています。

保育者はおらず、子どもたちだけで遊びを進めています。

　ユキが読み手で、他の子どもは言葉を聞いて、絵札をとっていきます。❷

ユキ「のりたいのりたい、ひこうき」

サワ「はい！」

ユキ「はい、サワちゃん。じゃあ、次ね」「くるくるまわる、こま」

ケン「はい！」　サワ「はい！」

ユキ「じゃあ、ケンくんとサワちゃん、じゃんけんして」

　ユキは絵に合った言葉を選んで文章をさっと作り、テンポよく遊びを進めていきます。みんながルールを理解し、1枚でも多く札を取ろうと前のめりになっています。❸

　最後の1枚になりました。みんなお互いの顔がくっつくように顔を寄せて、最後の札をねらっています。

ユキ「最後ね」「あたたかい、てぶくろ」

レイナ「はい！」

ユキ「レイナちゃん！　じゃあみんな、かるた数えて」

　最後の札を取り終わると、ユキの指示でみんな枚数を数えています。全ての札がなくなるまで誰も途中で抜けることなく、全員が最後まで参加していました。❹

年上の子をまねて、こま回しに挑戦

　廊下にあるこま遊びコーナーに、ハルがやってきました。上のクラスのタロウとリョウタが上手にひもを巻いてこまを回しているのを、じっと見ています。

　しばらくするとハルもこまを手に取り、見よう見まねでひもを巻きつけてみますが、うまく巻くことができません。ついに「先生、巻いて」と保育者に助けを求めました。ひもを巻いてもらうと、タロウたちの動きをまねて右手を大きく後ろに引き、こまを投げましたが、うまく回りません。「先生、やって」と再び保育者に助けを求めます。保育者の投げたこまが見事に回ると、うれしそうです。

　そこで保育者がハルの手を取り、一緒に回しました。こまが回ると、ハルはうれしそうに「回った、回った」と何度も言い、こまが止まるまでじっと見ていました。❺その後も保育者と一緒に、何度かこま回しを楽しみました。

育ちの読み取り❷

考える力が向上し、遊びを工夫する

考える力が高まり、工夫したり考えたりして、遊びをよりおもしろくしようとしています。

育ちの読み取り❸

言葉の発達で会話もスムーズになる

語彙が増え、会話がスムーズになり、また事柄に応じた状況説明ができるようになっています。

育ちの読み取り❹

お正月遊びのおもしろさがわかる

言葉や数量の体験、やり方を工夫する楽しさ、勝ち負けの感覚を味わい、友達から刺激を受け、やってみたいという気持ちが持続力につながっています。

育ちの読み取り❺

難しいことに挑戦しようと意欲的になる

気持ちが安定し、集中して遊ぶようになると、難しいことにも挑戦する意欲が増します。また、諦めずに「やってみよう」とがんばる姿が見られます。

事例から見る子どもの育ち

お正月遊びのおもしろさを知り、意欲が高まる

　子どもたちは、遊びのなかで自分なりに考え、工夫し、試行錯誤をしながら遊びを進めることができるようになってきました。集中力の持続時間も伸び、長い時間1つの遊びに取り組めるようになってきています。また、語彙が増え、言葉が発達したことにより、理解力やコミュニケーション力もついてきました。

　だからこそ、「かるた」や「すごろく」などの遊びも、友達とともにじっくりと取り組むことができています。また、友達（年上の子や同じクラスの子）の姿から刺激を受けて、「自分もあのようにやりたい」という憧れの気持ちが意欲の高まりにもつながっています。お正月遊びは、文字や数字の要素も多く、それに対する興味・関心も広がってきます。

3歳児 5期
自己充実期

勝ちにこだわるリレー遊び
～ぜったい勝ちたいの！～

「ももチームがんばれ、りんごチームがんばれ！」

「だって、勝ちたいんだもん！」

がんばるぞ、エイエイオー！

　いつもは年上のクラスと一緒に行うリレーゲーム。今日は保育者と一緒にクラスで行うことになりました。ももチームとりんごチームに分かれて対戦します。

　1回戦目はかけっこです。「1回戦のかけっこ、よ～いドン！」保育者の合図でゲームがスタートしました。

　「がんばれ、がんばれ」みんな、チームの仲間を一生懸命応援します。❶　走り終わると次に走る子どもにタッチして、一番後ろに並びます。❷

　最後の子どもがゴールし、「ピッピ～」と笛が鳴りました。「ただいまのかけっこ、第1位は…、ももチーム！」と保育者が言うと、ももチームの子どもたちは「やった～」と大喜びです。「一番前の人は、点数を書きに来てください」と保育者に促されて、それぞれのチームの子どもが、壁に貼ってあるスコア表に○×を書き入れます。

ももチーム、勝ったからきらい

　負けたりんごチームの子どもたちは、全身で悔しがっています。サラは「どうやれ

ルールを理解できるようになり、そのおもしろさを味わえるようになってきたことで、普段の遊びのなかでも、おにごっこやフルーツバスケットなどのルールのある遊びを楽しむ姿が見られます。

育ちの読み取り❶
ルールがあることの
おもしろさがわかる

ルールを理解し、ルールがあることによる遊びの楽しさやおもしろさがわかるようになっています。

ばいいんだよ！」と言いながら、足で床を踏み鳴らしています。ユカは負けた悔しさから、「りんごチームが負けたから、ももチームのこと大きらい」と言っています。「ももチームばっかり勝って、ずるい！」とみんなプンプン怒っています。❸

そこで保育者は「勝ちたいんだよね、わかる。でも "大きらい" なんて言ったら、ももチームさん悲しいよね」「怒ってたら、リレーゲームできないよ」と話します。「リレーゲーム、もっとやりたいんだよね？」と聞くと、みんな「うん、うん」とうなずいています。「じゃあ、次は勝てるようにがんばろうよ」という保育者の言葉に、「よし、次は勝つぞ！」と気を取り直し、腕まくりをする子どもたちです。

わたし、三輪車できないもん

次のリレーゲームは、三輪車です。

保育者が「今度は、前から2番目の人、三輪車を取りに来てください」と言うと、コハルが泣きだしました。同じももチームの子どもたちが駆け寄り、「コハルちゃん、どうしたの？」「いやなこと、あったの？」と口々に声をかけます。❹　コハルは「三輪車、むずかしいんだもん」と泣きながらも、はっきりと自分の気持ちを言葉にします。ショウコが「先生、コハルちゃん、三輪車できないんだって」と伝えると、保育者は「どうしようか」と子どもたちに問いかけます。「わたし、手伝ってあげる」「わたしも手伝う」とみんなが言い始めたので、保育者は同じチームのルカに手伝いをお願いしました。

リレーゲームがスタートし、コハルの順番が来ると、ルカはコハルの乗った三輪車を後ろから押して手伝っていました。❹

勝つのって、うれしい！

「ピッピ～！」笛が鳴り、最後の子どもがゴールしました。「ただいまの二輪車、第1位は…、りんごチーム！」りんごチームの子どもたちは「やった～！」と大喜び。サラはうれしくて、ピョンピョン飛び跳ねています。一方、ももチームの子どもたちは「第2位、ももチーム」と言われて、意気消沈する姿が見られます。

育ちの読み取り❷
仲間の一員であることを理解する

自分がチームの一員であることを理解しているため、自分が走り終わると次の友達につなぐことができ、自分と友達の存在を受け入れています。

育ちの読み取り❸
勝ち負けを理解し、一喜一憂する

単純な数字の比較ではなく、リレー遊びの状況を読みとりながら、勝ち負けの比較ができています。

育ちの読み取り❹
友達を意識して、仲間意識が深まる

友達を意識して、相手の気持ちを受け止めようとします。また、困っている友達を見ると、なぐさめたり、助けようとする姿が見られます。

事例から見る子どもの育ち

身体の巧緻性や友達との連帯感が高まり、勝ち負けの意識が強くなる

これまでの遊びや活動の積み重ねから、体力や運動能力が高まっている子どもたちです。長く走れるようになり、身体の巧緻性が身につき、身のこなしもスムーズになって、三輪車などの遊具を上手に操作できるようになってきました。

自己と他者の違いを理解できるようになると、自分がチームやクラスの一員であることを認識し、チームの仲間の応援をしたり、困っている友達を意識して手伝ったりするなどの連帯感が生まれます。

また、物事の因果関係がわかってくるため、1位、2位を単なる数字ではなく、遊びのルールと状況を結びつけた順位の比較として捉えるようになります。つまり、勝ち負けを理解し意識するようになるのです。だからこそ、この時期の子どもたちは結果に一喜一憂し、1位はうれしい、2位は悔しい、という気持ちが強く現れるのです。

3歳児 5期
自己充実期

仲間と通じ合う劇遊び
〜「3びきの子ぶた」でイメージを形に〜

「キャ〜、オオカミだー！」

お面を着けて役になりきる

絵本の読み聞かせからごっこ遊びへ

　朝の会で保育者が、絵本「3びきの子ぶた」の読み聞かせをしました。するとその後、数名がままごとコーナーに集まり、子ブタごっこが始まりました。❶

リン「わたし、コブタさん」

マナ「わたしはチュウブタさんにしよう」

ユウト「じゃあ、ぼく、オオブタちゃんね」

アオイ「え〜、わたしもコブタちゃんがいい」

　それぞれがなりたい役を決めています。するとリンが「オオカミは誰がやる？」と言い出しました。アオイが「A先生！」と言い、みんなも「そうしよう」「先生がオオカミにしよう」と賛同し、オオカミ役は保育者に決まりました。

　さっそく保育者を呼びに行き、みんなで「先生、オオカミやって」とお願いしました。保育者が「先生のオオカミは怖いよ〜」と言うと、みんな「キャ〜」と声を上げて逃げ、ままごとコーナーに隠れました。

　保育者がオオカミになりきり、「こんな家、すぐ壊れるぞ、フ〜〜〜〜」と息を吹きかけると、子どもたちは再び「キャ〜〜〜」と言いながら、別の場所に逃げ、友達と

　仲間関係が深まり、好きな遊びのなかで数人（4〜5人）の友達と、役を決めたり、必要な道具やアイテムを作ったりしながら、イメージを共有し、遊びを進める姿がよく見られます。

ストーリーを楽しむ

　語彙力・理解力が増し、お話の内容を理解したり、ストーリーを楽しめるようになってきました。

一緒に隠れます。

それを見ていた他の子どもたちも、参加し始めました。

アイテムでイメージをふくらませて

次の日も登園するとさっそく、子ブタごっこが始まりました。

ユウト「ぼく、今日はオオカミやる」

マナ「わたしもオオカミ」

オオカミ役になる子どもも登場して、子どもたちで遊びが盛り上がります。

しばらくすると、アオイが画用紙にブタの絵を描き「先生、お面にして」と保育者の所に持っていきました。保育者がお面にすると、アオイはうれしそうにお面を身に着け、ブタになりきって遊んでいます。❷　それを見た他の子どもたちも、「わたしもお面作りたい」と、みんなでお面作りが始まりました。お面だけでなく、しっぽを作る子どもも出てきました。

劇ごっこの始まり

数名で始まった子ブタごっこはクラス全体に広がり、ほとんどの子どもがお面やアイテムを作って楽しみ始めました。朝の会で保育者が「劇で、3びきの子ぶたごっこをやってみない？」と提案すると、子どもたちは「いいね！」「やりたい！」と大喜び。さっそくお面をかぶり、やりたい役に分かれて劇ごっこが始まりました。

保育者が「一番大きくて、おいしそうな子ブタだな。食べちゃうぞ〜」と言うと、オオブタ役の子は互いにほほえみ合い、「食べられないよ！」と声を合わせて大きな声で言います。❸　オオカミ役の子どもはドンドンと足を踏みならし、子ブタ役の子どもは吹き飛ばされてクルクルと回ったり、❹　友達と声を合わせたり笑い合ったりして、みんなとても満足そうに、役になりきっていました。

育ちの読み取り❷
イメージを形にして役になりきる
役のイメージからお面や道具を作り、それを身に着けることで役になりきっています。

育ちの読み取り❸
友達とイメージを共有する
それぞれがストーリーや役のイメージをもち、それを言葉で友達に伝えることでイメージを共有しています。

育ちの読み取り❹
イメージを身体で表現する
役のイメージをアイテムや動きで表現し、友達と一緒に演じる楽しさやうれしさを味わえるようになっています。

事例から見る子どもの育ち
仲間関係が深まり、イメージを共有して遊びを深める

クラスの仲間関係が深まり、場を共有しながら一緒に遊びをおもしろがるようになってきました。

個々の子どもがもつお話や役のイメージを、言葉や動きで表現し、それが仲間のなかで共通のものとなる充実感を味わうことで、一緒に演じる楽しさにつながっています。これは、ともに生活するなかで友達のことがわかり、また友達も自分のことをわかってくれているという心地よい仲間関係が築かれているからこ

そ、安心して自分の考えやイメージを出すことができているのです。

また、手先が器用になり、役を演じるためのお面や小道具を、素材や道具を用いて形にできるようになったことで、イメージの広がりや共有ができやすくなっています。このような経験は、仲間関係や遊びをより豊かにしていきます。

友達のなかで自己を発揮し、共存する楽しさを知る

この期の子どもの姿

いろいろな遊びや活動を経験し、自分でできることが増えた喜びやうれしさから、生活や遊びへの意欲が高まる時期です。また仲間意識が深まり、友達と場を共有し、相手を受け止めながら一緒に遊びを楽しんだり、おもしろがったりします。保育者や仲間との絆や信頼感が増し、安定した関係性のなかで意欲的に生活し、充実している姿が見られます。

特性1　体の動きが活発になり、指先の操作もスムーズになる

日々の遊びや活動を通して体を動かすことで、体力や持久力がつき、おにごっこやたこ揚げ、リレーゲームなど、長時間走ったり動いたりする遊びを楽しむようになります。身体の操作性が向上し、体のパーツ（目・手・足）を関連させて動かし、状況に合わせた体の動きや力の加減を調整できるようになります。

また手先も器用になり、衣服のボタンかけ、セロハンテープやハサミなどの扱いがスムーズになってきます。体の使い方や動きなど身のこなしが滑らかになり、自分でできることがうれしく、いろいろなことに意欲的に挑戦する姿が見られます。

特性2　相手を受け入れたり、自分を受け入れてもらったりしながら、結びつきが強まり、充実感が深まる

友達のことがわかり、友達からも自分のことをわかってもらえる、そんな心地よい関係性のなかで、ままごと・おにごっこ・電車ごっこ・劇ごっこなど、これまで以上に大人数の友達と一緒に遊ぶことを楽しむようになります。

また、言葉が発達し、自分の考えを言葉で伝えるようになります。同時に友達の話も理解できるため、友達と気持ちが通じ合うことで関係性が深まり、仲間との結びつきが強くなってきます。「友達と一緒だと楽しい」「居心地がよい」「安心できる」そんな関係性が、充実感をより深めていきます。

特性 3 できることが増え、自分に自信がつき「やってみたい」という意欲が高まる

日常生活や遊びのなかで、自分でできることが増え、自分に自信がついてきて「やってみたい！」という意欲が高まります。これまではなんとなく「やりたい」と漠然としていた気持ちが、「これをやりたい」「こんなふうにやりたい」「こういう物を作りたい」と、具体的になってきたことが、より意欲をかきたてます。

やりたいことができた喜びは、さらなる自信と次への意欲につながっていきます。また、経験からはっきりとイメージがもてるようになってきたことも、意欲の高まりに関係しています。

特性 4 遊びをよりおもしろくしようと考えたり、工夫したりする

友達と一緒に遊びを楽しむなかで、イメージの共有や興味・関心が広がり、遊びをもっとおもしろくしようと考えたり、工夫したりするようになります。

保育者や年上の子どもたちの姿をよく見て、情報を得ることで、新しい遊びを取り入れてみたり、新たな方法を試してみたりします。時には保育者から援助してもらうなど、試行錯誤しながらも、2学期よりさらに長い時間、遊びを継続して楽しむようになります。

この期の
クラスづくりの
point

保育者の援助と環境構成

意欲が高まりやりたいことができる環境を

自分でできることが増え、自信がついたことで、遊びや活動に意欲が高まっている子どもたちです。保育者は、子どもが自分のやりたいことを存分にできる環境を用意しましょう。

環境とは、おもちゃや素材等の物的環境だけでなく、ゆったり過ごせる雰囲気、納得するまで遊び込める時間や空間、それを支える人的環境など、子どもを取り巻く全てです。仲間関係が深まり、友達と一緒になにかをすることが楽しい時期でもあるので、フルーツバスケットや劇ごっこなどクラスのみんなで楽しめる活動を取り入れ、仲間への信頼感や仲間意識をさらに育てていきましょう。

一人ひとりが自分らしさを発揮できるような関わりを

友達との結びつきが強くなり、相手のことがよくわかるようになると、相手を通して自分のこともわかるようになってきます。また、認知能力の発達に伴い、物事の因果関係がわかり、「比較する」ようになってきます。少しずつ相手と自分を比べて、自分ができないことも見えてきます。保育者は、日頃から個々の子どもの言動や仲間関係を観察し、子どもたちができる一つひとつのことを認め、有能感を育てていきましょう。

また、集団のなかで自己を十分に発揮できる環境や活動（当番活動や得意なことを発表するなど）の場をつくり、友達のよさを認め、ともに生活する楽しさを味わえるよう、援助していきましょう。

4歳児 1 期
不安と戸惑い期

意欲満々で手伝いをする
～ぼくが届けるよ～

「ぼくが渡す！」「ぼくも渡したい」

みんなが部屋を飛び出して…

ぼく、知ってるよ！

　朝の外遊びから保育室に戻ろうとしたとき、園庭に3歳児の作ったビニールのこいのぼりが落ちているのに、保育者が気づきました。

　「つくし組さんのマコちゃん、こいのぼり探しているかしら？」と声を上げると、ダイスケが「ぼく、マコちゃん知ってるよ。持って行ってあげる」と言いました。それを聞いたシンタロウ・ハルキも「ぼくも知ってる」「ぼくはつくし組だったから行ける」とすぐに反応。❶　保育者が「じゃあ、お願いしようかな」とこいのぼりをダイスケに手渡すと、他の子どもたちも一緒に部屋を飛び出して、3歳児クラスへ向かいました。❷

ぼくが渡したい

　3歳児クラスの手前で、シンタロウがダイスケに「一緒に渡そう」と呼びかけますが、ダイスケは「ぼくが最初に先生に言ったから」と譲りません。隣でハルキも「ぼくも渡したい」と訴えます。❸　周りの子どもたちは無言で見ています。❹

育ちの背景

進級し、さらに意欲満々の姿を見せる4歳児たち。5歳児が小さい子の世話をする姿や、5歳児ならではの飼育当番などに憧れを感じています。

育ちの読み取り❶

**進級を喜び、
意欲的に手伝いをする**

大きくなった喜びから、意欲がさらに増し、積極的に保育者の手伝いをしたり、小さい子の面倒を見たりしたがります。

「ぼくが最初」「ぼくも渡したい」と、こいのぼりの取り合いになりそうになったところで、保育者が「ダイくんもシンくんもハルくんも、ありがとう。このこいのぼりは、先生が初めにダイスケくんにお願いしたから、今日はダイスケくんに渡してもらうね」と伝えます。

そこへ３歳児クラスの保育者が「ゆり組さんたち、どうしたの？」と出てきました。ダイスケはこいのぼりをかざし、周りの子どもたちも口々に「こいのぼり」と伝えようとします。❶「お庭でマコちゃんのこいのぼりを拾ったので」と４歳児の担任の説明を受け、３歳児の保育者が「ゆり組さん、みんなで届けてくれたのね。ありがとう。今こいのぼりのお話をするところだったのよ」とダイスケの手を引いて、３歳児の部屋に招いてくれました。「ゆり組のダイスケくんとお兄さんお姉さんたちが、マコちゃんのこいのぼりを届けてくれたの。こいのぼりさん、迷子にならなくてよかったね」「ダイスケくん、ゆり組さん、ありがとう」の言葉に、子どもたちは、はにかみながらもうれしそうな表情で、保育室に戻る足取りも弾んでいました。❶

お世話をし始めたけれど

保育室に戻り、子どもたちに「こいのぼりをみんなで届けてくれてありがとう。さすがゆり組さん、お兄さんお姉さんになったのね、先生びっくりしちゃった」と声をかけると、みんな満足そうな顔です。

この調子ならと、ハルキに、３歳児と手をつないで降園バスへ移動するお世話を頼みました。でも、転んで泣き始めた３歳児に、どうしたらよいかわからず困ってしまうハルキ。❹　３歳児の保育者から「一緒にいてくれてありがとう。優しいハルキくんだね」と声をかけられると、ほっとして表情が和らぎました。

育ちの読み取り❷

おもしろそうなことに敏感に反応する

友達のしていることをよく見ていて、情報を素早くキャッチし、一緒に行動したり、まねをしたりします。

育ちの読み取り❸

友達のなかで自分を主張する

認められ、優位に立ちたい気持ちが強く、譲らないこともあります。みんなのなかで自分をアピールし、主張しています。

育ちの読み取り❹

状況は理解するが、対応は難しい

友達が主張し合っている状況や、年下の子が転んで泣いている場面では、状況はわかっていますが、対応がわからず困っています。

事例から見る子どもの育ち

やる気みなぎる新学期

３歳児クラスの１年間で、園生活の流れや園の環境がわかり、意欲満々で進級した子どもたち。５歳児に憧れ、新入園児に朝のシール貼りやバッグかけ等の世話をしたがります。世話をするのも、相手のペースより自分のペースで進めてしまいますが、保育者の「さすが〇〇組さん」の言葉に、誇らしさとうれしさを感じています。

世話をしている小さい子が泣き始めると対応に困り、保育者に「ゲンちゃん泣いちゃった」と状況を言葉で伝えてきます。

また、自己中心的な世界から周りの状況が見えるようになってきて、友達のなかで認められたい気持ちが強くなります。「これはできるよ」「知ってるよ」とアピールし、優位に立とうとして譲らず、衝突することもあります。

おもしろそうなことや目立ちそうなことに敏感で、情報を素早くキャッチするとすぐ行動に移します。友達のすることもよく見てまねをし、友達と同じことをすることが、新学期の心の安定につながっていきます。

4歳児 1 期

不安と戸惑い期

仲よしの子とクラスが離れて
～お弁当、残していい？～

お弁当が始まって、うれしい子どもたち

お母さんの作ってくれたお弁当を前に

お弁当が始まって

　3歳児クラスで仲よしだったカナと、進級で違うクラスになったサトミ。4歳児クラスになって、担任も変わりました。

　4月の最終週に一日保育が始まり、久しぶりのお弁当に子どもたちは大喜びです。サトミも支度を済ませて、普段と変わりなく着席していたのですが、食べ始めて少しすると、「先生、残していい？」と保育者へ伝えにきました。❶

　見ると、お弁当にほとんど手を付けていません。「もうちょっと食べようか、ママが作ってくれたお弁当だものね」と声をかけると、なんとなく浮かない表情のまま席に戻りますが、箸は進まない様子で、同じ机の友達とも話をしていません。❷　お弁当の中身も工夫されていて、嫌いなおかずが入っていることもなく、平熱で体調が悪いわけでもなさそうです。保育者が「食べたくなかったの？　なにかいやなことあったかな？」と声をかけても、口をつぐんで答えません。❸　「無理に食べなくてもいいよ。お片づけしちゃおうか」と、一緒に片づけました。

　降園後、サトミの保護者に電話連絡をして、家での様子を尋ねました。おやつをよく食べて変わった様子はないとのこと。お弁当での様子や保育中の姿を伝え、好きな

育ちの背景

　3歳児クラスのときは、生活面では1人で身支度も行っていたサトミ。遊びの場面では、「仲間に入れて」と友達に声をかけるのをためらい、保育者と一緒に仲間に入る場面が多く見られました。12月の発表会で同じ役をしたカナと仲よくなり、3学期はいつも一緒に行動し、カナには自分のやりたい遊びを伝えるようになってきていました。

これまでの経緯

いろいろな友達と関わってほしいという園のねらいで、毎年クラス替えを行っています。子どもたちは意欲と期待をもって進級し、見知った友達に安心しますが、新しい環境と新しい担任に、不安や戸惑いを感じています。

遊びの時間をたっぷり取り、クラスは分かれてしまったけれど仲よしのカナと、カナと同じクラスのリンカと一緒に、ダンゴムシを探したり、アスレチックを楽しんだりしていたことを伝えました。

カナちゃんと離れちゃった…

翌日のお弁当もほとんど手をつけず、「おなか、すかないの？」と声をかけてもうなずくだけ。❷ 保育者は無理に食べさせることはせず、本人の食べたくない気持ちを受け入れます。

その後、サトミを保育者の膝に乗せて、2人だけで園庭のベンチで話をしました。仲よしのカナとクラスが分かれてしまったことが原因かと、「カナちゃんとクラスが分かれて、寂しくなっちゃったかな」と問いかけても、黙ったままです。❸

そこで保育者がサトミの保護者に連絡し、2人で話したこと、サトミからは寂しさを感じている様子が見てとれるが、本人の意思表示は曖昧な様子を伝えました。保護者からは、サトミが「カナちゃんとリンカちゃん、仲よしなの」とぽつりと漏らしたことを聞き、降園後にサトミがカナと遊ぶ機会をつくっていただけたらと保護者にお願いしました。

少しずつ乗り越えて

5月の連休中に、サトミの家族とカナの家族が買い物先で出会い、遊ぶ機会があったとのこと。連休明けのサトミの様子を心配していましたが、少し吹っ切れたのか、お弁当を食べるようになりました。❹ 保護者もお弁当箱を小さくして食べきれるよう配慮してくださり、保育者もサトミと一緒に遊んだり、同じ机でお弁当を食べたりしながら、少しでもコミュニケーションをとるよう意識していきました。

育ちの読み取り❶
思いを言葉で伝える

自分の思いを言葉で伝えるようになり、困ったことを、担任や他の保育者も頼って泣かずに言葉で伝えられるようになってきました。

育ちの読み取り❷
ルールの意識と葛藤

完食はルールではないものの、「きれいに食べたね」「よく食べたね」などの大人の声から、食事を残すことに抵抗感をもちます。大きくなった意識が強く、お弁当は残さない方がよいという意識がある一方、食べられない現実との狭間で揺れ動いています。

育ちの読み取り❸
言葉での伝え方に迷う

思いを言葉で伝えるようになるものの、適した表現がわからず、言葉にすることをためらうこともあります。

育ちの読み取り❹
見通しがもてるようになる

仲よしの友達と、園以外でも遊べることがわかり、友達との関係の見通しがもて、安心につながります。

事例から見る子どもの育ち ## 進級し、環境が変わって生じる心の葛藤

新学期、仲よしの友達とクラスが違ったり、担任の目が他児に向いていたりと、本人の思いが満たされないことも多いです。

生活面では自立してきていて、困ったことを泣かずに言葉によって伝えようとする育ちが見られる反面、仲よしの友達と離れた不安などをうまく表現できなかったり、寂しさを伝えるのをためらう姿も見られます。環境や友達関係の変化による、心の葛藤が生まれています。

また、「お弁当は残さない方がよい」といった認識から、完食をルールと捉えて守ろうとし、友達にも求めるなど、規範意識が強くなってきました。

一方で、「集まりに間に合わないから、遊びの片づけをしなかった／うがいをしなかった」など、自分の都合に合わせたマイルールを主張し、生活習慣の手を抜いたりするなど、状況を読み取りながら、自分なりの理屈で行動するようにもなってきました。

4歳児 1 期
不安と戸惑い期

優位性や秩序の芽生え
〜2人は友達？　互いの言動を意識する〜

「うちのハンバーグはチーズが入ってる」「うちはチーズ載せてる」

「本物もあるよ」「あるある！」

同じ場で友達のまねをして

　朝の身支度の後、数人の子どもたちが、ソフト積み木を飛び石状に並べて歩いたり、ロの字に置いてお風呂に見立てたりして、思い思いに遊んでいます。

　アサミは身支度を終えるとすぐに、ユイのいる所へ行き、一緒の場所でユイのまねをして、ソフト積み木に横たわったり、テーブルに見立ててごはんを食べたりしています。❶

「うちはこうなの」

　ソフト積み木に寝転びながら「うちのパパ、昨日遅かった」とユイが言うと、「うちのパパも遅かった」とアサミが同じように言います。「もう起きよう」とユイが起きて製作コーナーへ行き、廃材やお花紙でおかずを作り始めると、アサミも同じように作り始めます。❶

　アサミが「ママの作ったハンバーグ、おいしいんだ」と言うと、ユイは負けじと「うちのママのはチーズが入ってる」と自慢します。ユイのまねをしながらも、「うちは上

育ちの背景

　3歳児のときも同じクラスだった2人ですが、初めてのことは周りの様子を見てから行動するアサミと、いろいろなことに興味をもち、誰とでも遊ぶユイは、気が合うというより、興味が合えば一緒に遊ぶという関係でした。

これまでの経緯

　進級初日、半円状に並べた椅子で隣に座った2人。「お隣さんと手をつないでごらん、ゆり組のお友達だね」という保育者の声かけで、手をつないで顔を見合わせ、翌日から一緒にいることが増えました。

に載せてる」とオリジナリティーを出そうとするアサミです。**❷**

　フライ返しをなかなか貸してくれないユイに、「10数えたら貸して。イチ、ニイ、……シチ、ハチ」と数えるアサミ。ユイが「違うよ、シチじゃなくてナナだよ」とすかさず訂正します。**❷**

　おかずを作り終え、ソフト積み木に置いた木箱の上に器を並べて、ユイの向かいにアサミが座ろうとしたとき、箱がユイの足に当たってしまいました。ユイは「痛ーい！」と周りに聞こえるような大きな声を出します。アサミは困って、「ごめん…」に続く「わざとじゃないもん」は口ごもっていました。

　すぐに気持ちが切り替わったユイは、箱を自分の方にグイと引き寄せ、「ハンバーグ、おいしいよ。野菜も食べなきゃね」と食べるまねをします。アサミもほっとした表情になり、食べるまねをしています。ままごとのお皿に丸めた黄緑色の折り紙を見て、ユイが「本当のメロンあるよ」と言うと、アサミが「本当のメロンアイスもあるある」、ユイも「あるあるある…！」と顔を見合わせて、ケラケラ笑い合っています。**❸**

ぶつかり合っても一緒に

　午後、お弁当を食べ終わり、一足先に園庭に飛び出したユイを追いかけて、アサミが滑り台へ走っていきます。

　「ユイちゃん、椅子が出ていたよ、戻しておいたよ」とアサミが言うと、**❹**　「そんなこと頼んでない」とユイ。**❷**　「出しっぱなしはダメなんだって、先生言ったでしょ」**❹**　「出しっぱなし、してないもん！」とユイの言い方が強かったので、**❷**　アサミはその場を離れました。でも少しすると、お鍋とシャベルを持って、砂場のユイの隣で「カレーのルウを入れて、混ぜて」と言いながら遊び始めました。ユイも「子どもは甘口」とかき混ぜるしぐさ。アサミ「パパだけ辛口」。2人ともお鍋から目を離さずに、ぐるぐる砂をかき混ぜています。**❸**

育ちの読み取り ❶

同じ場に一緒にいることで安心する

不安な気持ちを感じても泣かずに、顔見知りの友達と一緒にいることで、不安を解消し安心しています。

育ちの読み取り ❷

優位に立ち、自分をアピールしたい気持ち

遊びながら同じ動作をしていても、アレンジして、よりできる自分を主張し、優位に立とうとしています。

育ちの読み取り ❸

友達といることが楽しい

友達と一緒にいるとおもしろく、刺激を受けます。砂などの素材の感触を楽しむと同時に、友達と同調することも楽しんでいます。

育ちの読み取り ❹

決まりを守ろうとする秩序感

状況を認識する力が育ち、集団生活の決まりを守ろうとし、正しいことや秩序感を相手にも求めます。

2章
3歳児
4歳児 1期
5歳児

事例から見る 子どもの育ち

友達といるおもしろさと優位意識

　園生活のリズムもでき始め、身支度をするとすぐに、やりたい遊びを見つけて遊び始めます。友達のしていることはおもしろそうで、同じ物を作ったり、同じ動作をしたりしてまねをしますが、そのなかで、自分のオリジナリティーを出そうとします。3歳児後半のような自分の存在のアピールだけではなく、友達を意識して「知ってるよ／そうじゃないよ／ぼくはね／わたしはね」と友達よりできることで優位に立とうとし、自分を主張します。

　お互いの主張がぶつかっても、友達と一緒にいると刺激がありおもしろいので、「メロンアイスもあるある」のように何気ないことで笑ったり、同調したりする楽しさを味わったりもしています。

　決まりや秩序を意識し、守らないことや秩序の乱れを厳しく批判したり指摘したりするようにもなってきています。周囲の状況判断をする力が育ってきたとも考えられます。

意欲満々で進級するが、環境の変化に戸惑う

大きくなった喜びと期待に、やる気満々で進級した子どもたちです。張り切って新入園児の世話や保育者の手伝いをしたがります。その一方で、新しい環境に戸惑い不安になったり、状況の理解はできても対応に困ったりします。3歳児のときから知っている友達と一緒に遊ぶことで安心していき、慣れてくると友達を意識して優位に立とうとする姿も見られます。

特性 1 進級後の環境の変化で戸惑い、不安になる

クラス替えや、新しい担任・新しい保育室といった環境の変化で、緊張したり不安になったりします。また、保育者の目が新入園児に向いていると寂しさや満たされない思いを感じますが、その状況を読み取って、保育者への依存を我慢することもあります。園では新しい環境のなかでがんばるので、降園後に疲れて機嫌が悪くなったり、昼寝を必要としたりします。

特性 2 生活習慣は身についているが、ムラがある

小さい子の世話や手伝いには意欲的ですが、自分の身の回りのことになると、面倒くさがったり大人に依存したりして手を抜く子どももいます。生活習慣や生活の流れは理解し、するべきことはわかっています。指先の動きの滑らかさや発達には個人差もありますが、3歳児のときと比べて上手になったことや、生活習慣をおろそかにしない態度を大人に認められると、主体的に行おうとします。

特性 3 自分の好きな物や、気の合う友達との遊びを通して安定していく

新しい環境に慣れるには個人差があり、子どもそれぞれのペースで進みます。新しい環境で頼りになるのは保育者と、3歳児クラスからの気の合う友達や同じバスコースの知っている子どもです。1人で好きな遊びをしたり、前年度に経験したごっこ遊びや砂遊びなど、友達と同じ場所で同じ遊びをしながら安定し、新しい環境に慣れて、気持ちが開放されていきます。

特性 4　状況を読み取り理解するが、対応はできにくく戸惑う

　周囲の状況が見えるようになってきて、「小さい子がママに会いたくて泣いている」などの状況を読みとります。ハンカチで涙を拭いてあげたりしますが、泣き止まないとそこから離れられず、困ってしまいます。また「好きな席に座る」場面では、着席する状況は理解していますが、友達の隣が空いていなかったり、声をかけられなかったりして、どこに座ってよいか戸惑い、保育者が気づくまで待っていることもあります。

特性 5　経験したことを友達と一緒に再現して遊ぶ

　いろいろなことに興味・関心をもち、意欲的になってきた子どもたち。憧れていた年上の子の遊びをまねしたり、ダンスを披露したり、気の合う友達と一緒にレストランごっこやお医者さんごっこをするなど、経験したことを再現して遊び始めます。「○○ごっこ」というイメージは共通ですが、やりたい動きは各々で異なります。アイテムが増えたり、場が本物に近づくとよりおもしろさを感じるため、子どもからのアイデアや製作に関する要求も多くなります。

この期の
クラスづくりの
point

保育者の援助と環境構成

自分のペースで環境に慣れる配慮を

　新学期は一日のなかでも、大いに張り切る気持ちのときと不安な気持ちのとき、依存したい気持ちのときが混ざり合って過ごしています。甘えたい気持ちを受け止めながら、小さいクラスの子と手をつないだことやおもちゃを片づけたことなど、一人ひとりの小さなエピソードを見逃さずに認める声かけをし、握手やタッチのスキンシップもして、「あなたのことを見ているよ」のメッセージを伝えましょう。

　好きな遊びを自由にできるよう、3歳児で行った遊びやごっこ遊び、感触のよい粘土やサーキットなどを設定し、1人でじっくり遊ぶ時間を保障しましょう。同時に、保育者とともに行動したり、みんなで体操するなど、一緒にいる楽しさを感じられるよう配慮することも大切です。

一人ひとりを見て、認める声かけをする

　3歳児のときより周囲の状況が見えてきて、さらに同年齢の友達を意識し、相手より優位に立とうとして、自分ができることをアピールします。保育者は、子どもたちができたことを大げさにほめるのではなく、自然に「上手だね／ありがとう／優しいね」などの言葉をかけ、認めたいものです。小さいクラスへの届け物など、1人の子がきっかけで全体の行動につながったようなときには、1人だけではなく全体を認める声かけをしましょう。

　状況はわかるようになってきていても、けんかをしている友達の仲介はできず、対応に困ることがあるので、保育者が手伝ったり、対応のヒントを出したりするとよいでしょう。

4歳児 2 期
自己発揮期

気の合う友達と一緒が楽しい
～この順で並んでいくよ！～

「背の順で並んでいくよ！」

「ミッション、クリア！」

順番はぼくが決めるよ

シン・リョウ・ヒロミ・タロウの4人が園庭に集まっています。シンが「ぼくが前ね」と言って並び順を決めています。名前を呼びながら他の3人を並べて「すみれ組の背の順では、リョウくん、ヒロミくん、タロウくん。合ってるよね。これで行こう」と言って、みんなに同意を求めました。他の3人はうれしそうに「うん」とうなずいて、シンの後ろからついていきます。❶

シンが「行くよ」と言うと、4人で鉄棒の方へ並んで走っていきます。鉄棒の縦の棒の間を縫うように、先頭のシンに連なってくぐっていきます。

アスレチック遊具の前まで来ると、一番後ろのタロウが、順番を抜かして3番目に入ってきました。すると2番目のリョウがそっとタロウの顔を見て、「ヒロミくん、タロウくん、の順番だよ。いい？」と言って2人を並び替えました。❷ シンは先に行ってしまいましたが、残りの3人はうなずいて、にこやかに列を整え、シンの行方を目で追って走っていきました。

新学期の喧騒がひと段落して、子どもたちは気の合う友達を誘って動き始めました。3～4人の小集団で、応答して遊ぶ楽しさを味わっています。

3歳児クラスから一緒の4人は、昨年からシンが先頭を切って遊ぶことが多く見られます。メンバーの入れ替えは少しありますが、他の子どもたちは、シンに従うようについていくことが続いています。

戦隊ヒーローだ！

　アスレチックのトンネルを抜けると、シンはリョウたちを出口で待ちながら、「ミッション、クリア！」と声をかけました。2番目のリョウが「ラジャー！」と返事をしました。後ろのヒロミとタロウは遅れまいと必死でついていきます。トンネルをくぐってつり橋を渡るときは、「ゆれるからね」「いいよ」と2人で声をかけ合っていました。

　つり橋の最後の方まで来たとき、シンは思いついたように急につり橋の横から飛び降り、まるで戦隊もののヒーローのようなポーズをとりました。それを見て、後続のリョウ・ヒロミも続きます。後ろのタロウは少しぎこちない動作でしたが、前の3人に遅れをとるまいと、必死の思いで飛び降りてポーズを決めたように見えました。❸

スピードを上げて、遊びは続く

　その後、シンを先頭にしたごっこ遊びは、スピードを上げて回っていきました。❹

　時折、シンが戦隊ヒーローになってポーズをとったり、行く場所を提案したりしています。他の3人もそれぞれにポーズを決めて、「今度は○○だね」「ラジャー！」と同意してついていきました。

育ちの読み取り ❶ 互いに心地よい関係

リーダーシップをとる楽しさを感じる子どもと、指示されることが心地よいと感じる子どもの、互いに満たされる人間関係があります。

育ちの読み取り ❷ 自分たちのルール

自分たちで納得して決めたルールを守ろうとする秩序感と、相手より優位に立ちたい気持ちもあります。

育ちの読み取り ❸ 自己アピールとパフォーマンス

思いついたことを体でアピールしたい気持ちと、友達に後れを取らずについていきたい気持ちがあります。

育ちの読み取り ❹ 遊びの活発化

遊びが活発になり、アイデアがふくらんだり、スピードが増したりして、広がることを楽しみます。

事例から見る子どもの育ち　友達と遊ぶことが楽しく、刺激を受け入れる

　1人がリーダーシップをとり、グループの力関係が固定しているように見える光景です。子どもたちの心を読みといていくと、3歳児クラスからの関係性で互いに安心できる相手だからこそ、相互に仲間関係が成り立っていることがわかります。他児に指示したり提案したりする側は、受け入れられるおもしろさを感じていますし、同時に、後からついていったり指示されたりする側も、指示されることが心地よく、遊びが次々に展開していくのをおもしろがっています。

　一見、指示されているだけのように見えても、相手のイメージや発言を受け止めて、自分たちなりに遊びを次につなごうとして、心は動いています。場を共有する、動きを共有する、イメージを言葉で共有するなど、友達と応答しながら、友達がいることの心地よさを感じ、互いに刺激を受ける育ちが見られます。時折思いついたことをパフォーマンスして、自己主張しては相手に受け入れられることで、さらに一緒にいる満足感が増していきます。

4歳児 2期
自己発揮期

思いを主張して譲れない
～三輪車を使いたい理由がある～

「三輪車、1周乗ったら交代だよ！」

「だって、ぜんぜん乗ってないんだもん」

三輪車を使いたい

「ユカちゃんとゴウくんがケンカしてる！」の声に、保育者がその場に行ってみると、ゴウがユカにつかみかかろうとしているところでした。❶　理由を尋ねると、ゴウは「だって、ユカがたたいた」、ユカは「ゴウが先に蹴った」と言います。状況を尋ねながら推察していくと、ゴウは1周交代の約束で三輪車を交代場所で待っていたのに、ユカは2周回っても交代せず、しびれを切らしてゴウが抗議に行ったようです。❷ユカが全く譲ろうとしないのでゴウが怒って蹴り、ユカもやり返したようでした。

譲らないのには理由がある

保育者は2人に、ぶったり蹴ったりするのはよくないことを前置きして、「話すのが上手だから、2人の話を聞かせてほしい」と気持ちを聞くことにしました。
保育者「ゴウくんは、ずっと待っていたの？」
ゴウ「そうだよ、イツキと一緒に待ってたのに、ユカが黙って行っちゃったんだ」
保育者「たくさん待ってたのに、代わってくれなくて悔しかったんだね」　ゴウ「うん」

育ちの背景

ユカは運動が得意で、感じたこともはっきりと主張します。しっかりしている反面、お母さんと離れるときは大声で泣いてアピールします。新学期は自分を受け入れてくれる女児をリードして、一緒に遊んでいます。

これまでの経緯

2人乗りの三輪車は園に3台あります。自由に使えますが、希望者が多いときは、決まった走行場所で交代で乗る約束になっています。ユカは、ゴウが朝からごっこ遊びで使っていたのを知っていたようです。

保育者「ユカちゃんは、ゴウくんが待っていたの、知ってた？」　ユカ「知ってた」

保育者「どうして譲らなかったの？」

ユカ「だって、ぜんぜん乗ってないから」❷

保育者「もっと、ずーっと乗っていたかった、ってこと？」

ユカ「そう。ぜんぜん乗ってないんだもん。ゴウくんはずっと乗ってた」❷

保育者「三輪車を使って、なにをしたかったの？」

ユカ「ナナちゃんとおうちごっこしてて、お買い物に行くの」❸

保育者「わかった。ユカちゃんはナナちゃんと一緒におうちごっこで、この三輪車で
　　スーパーにお買い物に行ったりして、ずっと使っていたいんだね。でも、ゴウくんや
　　他の人も三輪車に乗りたがっていて、待っているの、どう思う？」

ユカ「……」❹

保育者「お買い物だったら、他の乗り物でもできるんじゃない？」　ユカ「やだ！」

保育者「そうか、今はどうしても譲りたくないんだね。ユカちゃんは三輪車を譲るのは、
　　今はいやだって。ゴウくん、どうする？」

ゴウ「もういいよ」

　　ゴウは少し怒って、場を離れました。

方法を考えることを受け入れて

　ユカに向かって保育者が、「ゴウくんは今、三輪車に乗るのはやめにしたみたい。ゴ
ウくんは我慢したんだね。ユカちゃんはどうする？　ゴウくんや他の友達の気持ちを
考えると、いろいろなやり方があると思うよ。たとえば、1番は、三輪車を譲って他の
車で遊ぶ。2番は、このままこの三輪車をずーっと使う。3番は、他の遊びに変える。
先生は3つ考えたけれど、他にもあるかな？　ユカちゃんが自分で考えて決めてね」
と方法を提案して、その場を離れました。

　1〜2分後、ユカは笑顔で「他の遊びにした」と保育者に報告に来て、ナナとボー
ル遊びを始めました。保育者は「そう、自分で決めたんだね」と笑顔で返しました。

育ちの読み取り ❶
ケンカやトラブルになる
自分なりの思いがあり、思いどおりにならないときは、互いに手を出したり、暴言を言い合ったりすることがあります。

育ちの読み取り ❷
秩序やルールを理解している
園の秩序やルールを理解していますが、相手の立場や気持ちにまでは気が回らないため、他児が守らないことへの指摘は辛辣になります。

育ちの読み取り ❸
自分の理屈を主張する
自分なりの立場や理屈を主張して、譲らない姿があります。相手に対して、ライバル意識や負けたくない気持ちもあります。

育ちの読み取り ❹
自己欲求と善悪のはざまで
自分の欲求と、秩序を守って自分はどうあるべきかの間で気持ちが揺れますが、その場では自我を抑えることができません。

事例から見る
子どもの育ち

秩序やルールは自分なりに理解しているが、トラブルになる

　園の秩序やルールはわかっていながら、自分が三輪車を使いたい思いが強く、素直に譲ることができません。その背景には、指摘した相手がいつも三輪車をたくさん使っているという状況判断やライバル意識も複雑にからみ、自分自身を強く主張して相手に認めさせようとする、今の育ちがあります。相手にも相手の立場があり、同じように気持ちがあることを感じているものの、一方的に指摘されるとなおさら引けなくなります。

　自分の立場や気持ちを主張するために、「だって」「今○○しようと思った」などの屁理屈を述べる知恵が育ち、すねるなど情緒の側面も育ってきています。こうしたトラブルで子どもは、悔しい思いもしながら相手の主張を受け入れたり、自分の主張を受け入れられたりする経験を重ねていきます。子ども自身が保育者の価値観や選択肢の提示を受け入れて、少しずつ、よりよい方向に自己決定していきます。

事例③ 5月

4歳児 2期
自己発揮期

互いのイメージがつながりだす
～お父さん、おかわり～

「もう食べ終わっちゃった、パパ、おかわり！」

「あー、おいしいね」

これ、おれ用、これ、お父さん

　砂場の前に置いてあるテーブルの上で、ショウがバケツに砂を入れています。他にフライパンも用意して、1人で砂遊びを始めました。そのテーブルに3人の男児が集まってきました。ダイキは小さいシャベルと容器を持って、にこにこしながら「これ、おれ用。これ、お父さん」と勝手にショウのバケツから砂を自分の容器に入れ始めました。❶　ショウをお父さんと決めたようです。ダイキの言動が合図となり、ケイゴもすかさず「おれにも分けてよ」と言って同じことを始めました。❶

　2人は「ラーメン入れたから」「チャーハン入れたから」と口々に言いながら、ショウのバケツから砂を何度も取ります。ユウも笑いながら、同じように砂を自分の容器に入れていきます。最初から1人でバケツに砂を入れていたショウは、ムッとした表情で黙って砂をかき混ぜています。

　ケイゴがショウのバケツを手に取り、自分の容器に砂を入れると、ユウが「あっ、それ、お父さんの！　ちょっと、なんでもらうの」と責めるように言いました。❷　そのうちダイキとケイゴの「できた？」「できたよ」の合図で、3人は場所を移動しました。

育ちの背景

自分の好きな遊びを能動的に見つけて動き、特に友達への関心が高まってきました。一方で、したい遊びが見つからず、なんとなくこれまで経験した遊びをして時間を費やしたり、保育者に依存する子どももいて、自己発揮に個人差が見られます。

これまでの経緯

新学期の喧騒も落ち着き、少しずつクラスになじんできましたが、気心が知れて安心できる3歳児クラスからの友達を求めて遊ぶ子どももいます。一方で、自己主張からふざけたり、羽目を外したりして、注目を浴びたがる傾向もあります。

おかわり、おかわり

　移動した3人はタイヤに座って、「ここで食べようぜ」「ここがテーブルね」と言葉を交わしながら、「あー、おいしい」と楽しそうに食べるまねを始めました。そして「あー、おいしかった」「お茶も飲もう」などと言って砂を地面にまき、容器を空にしました。

　ユウはテーブルに戻ると、「おかわり、おかわり」とショウに言います。ショウはブスッとして「まだできてないよ」と返しますが、ユウは「おかわりしちゃうぞ」と笑顔で近づきます。❸　ショウが「やめて、取らないで」と、守るようなしぐさをすると、ユウは地面から砂を自分で容器に入れ、「じゃあ、食べようかな」と他の2人を誘いました。

　ダイキ・ケイゴ・ユウの3人は再びタイヤに行って食べ、すぐにまた、ショウの所に「もう食べ終わっちゃったんだ。早い?」と言って戻ってきました。ショウは3人をちらりと見ると、迷惑そうに、テーブルから少し離れたところでバケツに砂を入れ始めました。その後2回ほど、3人は自分たちで砂を入れてはタイヤで食べ、ショウの近くにきて「おかわり、食べ終わっちゃった」と言い、ショウは黙って自分のバケツに砂を入れることが繰り返されました。

おかわりくれてありがとう

　数回繰り返して、ダイキがまたショウのそばに来て「パパ、おかわり」と言うと、ショウは、バケツの砂をシャベルでダイキの器に入れました。ダイキが「ありがとう、パパ〜。パパがおかわりくれた!」と声を弾ませて言うと、他の2人も寄ってきて、ショウは1人ずつにていねいに分け始めました。❹

　全員が砂を入れてもらうと、ダイキが「パパ、おかわりくれてありがとう」「もう大丈夫だよ」と言いました。ショウはバケツを逆さにして「なくなっちゃったよ」と笑い、3人は「もうお腹いっぱいだから、家に戻ろう」と顔を見合わせて言いました。

事例から見る子どもの育ち　友達の存在を意識し、反応する

　遊びが活発になり、環境や人に対して能動的に遊びを広げるようになってきました。

　テーブルという場を共有することで遊びが始まりますが、特に説明もないまま始まるのが特徴的です。友達の言葉やしぐさから刺激を受けて、ごっこ遊びのイメージが次々とつながっていきます。人が集まれば集まるほどイメージが拡散され、それがよりおもしろさを増していきます。

　友達を意識して話しかけたり、まねをしたりして反応しています。気持ちに温度差があることも感じ取っていますが、「おかわり」という言葉に「一緒に遊ぼうよ」という気持ちが込められているのを相手も感じ、その場から離れてはいきません。

　自分なりの自信をもち、調子に乗ってはめを外しがちな時期。友達の存在を意識して、その反応が楽しくて仕方ありません。ここでは、「入れて」「いいよ」の決まり文句ではないアプローチの仕方が、友達にも通じています。

遊びや友達に能動的に関わり、気持ちが揺れ動く

この期の子どもの姿

緊張もほぐれ、遊びたい思いが先立って、我先にと欲求を表現していく子どもたちです。園生活の習慣やルールなどが理解できるようになり、身の回りのことをスムーズに行い、気の合う友達と一緒に過ごすのを心から楽しみ始めます。一方で、まだ自己中心的な面が多いため、ささいなことでトラブルになったり、ふざけてはめを外すことも多くなります。

特性1　自分なりの自信をもち、自己アピールが強くなる

集団のなかで人との関係性がわかってきて、自分の存在を認めてほしいという人間らしい欲求が出てきます。自分の心を出して、それに応じてもらうことで、新たな自己をつくっていく時期です。もっと自分を認めてほしくて、独自のパフォーマンスをして目立とうとしたり、弱みを見せまいと黙りこくって、自分自身で整理がつかなくなったりすることもあります。人より優位に立ちたい気持ちの現れです。

特性2　環境や人に対して能動的に関わり、遊びが活発になる

4月当初の不安や戸惑いがほぐれてきて、行動が意欲的になってきます。登園シールを貼る・着替える・お弁当の支度をする・手を洗う・片づけるなど、毎日繰り返し行うことをすみやかに行い、少しずつ見通しをもって生活するようになってきました。目や耳で周りの様子をキャッチして、縄跳びや鉄棒などで友達が楽しそうにしていると、技術的には無理でも、自分から何度も加わったりします。園生活全般に能動的で、活発になってきます。

特性3　友達の存在を意識して、話しかけたりまねをしたりすることが多くなる

「○○ちゃんと遊びたい」「△△ちゃん来た？」と、特定の相手と遊びたいという意思が出てきます。友達と言葉を交わしたり、視線や表情で心が通じ合ったりする共感を楽しんでいます。また、場所を共有して遊ぶ・同じ動作をするなど、単純で部分的な共感ですが、自分のもつイメージと友達のもつイメージがつながって、遊びの世界が広がっていきます。「わたし」から「わたしたち」の世界への広がりの楽しさを、満喫しようとしています。

特性 4 秩序やルールを自分なりに理解して、守らない友達への指摘が多くなる

　園生活の秩序やルールを理解して、決められたことは守る・人の役に立ちたい・世話を焼きたいという気持ちが芽生えてきます。一方で、相手の気持ちや立場には気が回らず、自分を棚に上げて人の行動を指摘したり、強い口調になったりします。相手の出方を見て判断したり、自分の都合の悪いときは屁理屈を言って言い逃れをしようとするなど、状況判断をし、知恵を使うようにもなります。自分には優しく、人には厳しいマイルールの秩序観があります。

特性 5 自分の欲求と善悪の間で揺れ動き、我を張ったり自分なりに悩んだりする

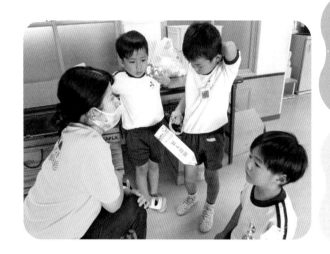

　自分の欲求がみんなに受け入れられないとわかっていても、我を張ったり、気持ちが伝わらないと落ち込んだり、手を出してケンカになったりすることもあります。自分と他者、集団のなかでの自分の存在をわかりかけてきているものの、気持ちの整理ができず、周囲に伝わりにくい言動に出ます。恥ずかしい・泣くほどではないが不安・悔しい・嫉妬心など情緒も細分化して、自分の欲求と、こうすべきであるという善悪の意識との間で揺れ動きます。

この期の
クラスづくりの
point

保育者の援助と環境構成

自己発揮を認めながら遊びを充実させる

　生き生きと遊ぶ半面、友達の言動に反応して騒然としたり、活動を拒否する子どもがいたりして、クラスづくりに難しさのある時期です。友達と遊ぶ楽しさを満喫しながら、調子に乗って騒いだり、気持ちの整理がつかずに悩んだりする姿は、自己を拡大しようとする育ちの一環です。

　友達の行為を言いつけに来る行為を問題行動と解釈せず、「ぼく見つけたよ!」という思いを認めましょう。子どもが乗ってきそうな少し難しい遊びに誘ったり、集団遊びで保育者が率先して遊ぶのもよいでしょう。自分を信頼してくれる大人に支えられていることを感知すると、素の自分を出してきます。自己発揮の姿を十分受け止めましょう。

大人の考えも伝えて感情体験を豊かにする

　クラス集団をまとめようと、「静かになるのは誰かな」などパターン化した文句で誘導したり、トラブルを「順番で」など同じ方法で仲介したりしていると、他者への感情体験は希薄になりがちです。この時期は、「なぜ」「どうしたい」などの子どもの心を探りながら、集団の一員として、豊かな感受性を育んでいくことが大切です。

　トラブルの際には、子どもの話をよく聞く・保育者が他者の立場や気持ちを代弁して知らせる・「わたしは○○と思う」と保育者の価値観を伝える、などを心がけましょう。具体的な解決方法を複数提示すると、子どもが自ら考えて決定できます。他者の存在に気づく感情体験を保障していきましょう。

4歳児 3期
自己主張期

自己を表現し、誇示する
～わたしはね、ぼくはね～

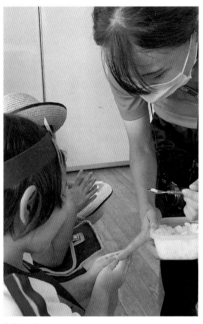

「ピッ！」

開いた！

「あれ？ 開きませんね」

ピッと押したら開くからね

　帰りの支度が始まります。子どもたちが部屋に戻って、身支度を済ませ、席に着きました。帰りの会では、毎日肝油ドロップが配られます。これは、子どもたちのお楽しみの1つになっています。

　この日も保育者が、「さあ、肝油を食べましょうか」と子どもたちに呼びかけました。すると、ユイが保育者の所まで来て、「ピッと押したら開くからね」と伝えて席に着きました。それを聞いていたミカは、保育者が肝油ドロップを配りに回ってくると、両手をつぼみのように合わせて、「ピッと押したら開くよ」とユイが言っていた通りに言いました。❶　そして、保育者に閉じたままの手を差し出します。保育者が、ミカの手に人さし指で触れながら「ピッ」と言うと、ミカが手を開いたので、手のひらに肝油ドロップを1粒載せました。

　やがて、ユイの番になりました。

保育者「ピッ。あれ？ 開きませんね。じゃあもう1つ、ピッ。あれ？ もっとかしら。ピッ！ ピッ！ ピッ！」

　何度も触れて、やっと開いた手の中に、肝油ドロップを1粒載せました。ユイはな

これまでの経緯

帰りの会で、肝油ドロップを配る時間は、子どもたちにとって楽しみな時間であるとともに、保育者と子ども一人ひとりの短いながらも大切な2人の時間です。その関わりを保育者は大切にしています。

育ちの読み取り❶
友達の言動をまねる

友達の言動をまねて、共感し合います。また、まねされることで認められた喜びや優越感を味わっています。

んとも満足そうな顔をしています。❷

わたしは自動なの

　ユイの隣のマオは、それを見ながら自分の番になると両手を閉じました。「ピッ！ピッ！ピッ！　あれ？　なかなか開きませんね」保育者が何回か押してみても、閉じたままです。するとマオが「わたしは自動なの」と言って手を開きました。❷　保育者はマオの言葉に「あはは」と笑いながら、他の子どもたちの手のひらにも、つぎつぎと肝油ドロップを載せていきました。

ギャグを言ったら開きます

　ユウトの番になりました。ユウトも手を閉じたまま、保育者に話し始めました。
保育者「ピッ！　ピッ！　ピッ！　開きませんね」
ユウト「ギャグを言ったら開きます」❸
保育者「え？　ギャグ？」
ユウト「そう」
保育者「それなら…布団がふっとんだ！　どうかな？」
ユウト「それではありません」
保育者「え？　難しいな」
ユウト「正解は、『すみません。炭だらけで』です」❹
　聞いていた子どもたちも「えー」と声を上げ、なかには席からずり落ちる子どももいました。その反応に、ユウトはしたり顔です。保育者も「あら。そうでしたか」とユウトのマイルールなギャグクイズにほほえみながら言葉を返し、手のひらに1粒肝油ドロップを載せました。

育ちの読み取り❷
自分を誇示する
自己表現に工夫が加わり、友達のまねをしながらアレンジを加えて自分のものとして表現し、自分を誇示しています。

育ちの読み取り❸
表現しながら工夫する
自己表現しながら、よりおもしろさや、楽しさを求めて工夫するようになります。

育ちの読み取り❹
自分の思い通りにしようとする
ルールや秩序を、自分の思うように理解して進めるため、周囲の理解とズレが生じ、トラブルになることもあります。

事例から見る子どもの育ち

友達のなかで自己を表現し、自分を誇示する

　友達の言動に興味をもち、それをまねしながら自分なりのアレンジを加え、自分を誇示するようになるこの時期。友達にまねされることで、受け入れられたうれしさや認められた優越感を感じて喜びます。このような関わりから、友達の個性を受けとめ、仲間関係が広がっていくのでしょう。

　その反面、自己主張も強くなります。特に、自分なりの解釈で遊びのルールや秩序を捉えていることも多

く、それが自分勝手な振る舞いにつながり、周囲から指摘されることで落ち込んだり、ふてくされたりすることがあります。子どもたちが互いの思いをわかり合えるような、保育者の関わりも大切になります。

　子どもたちは、自己表現するなかでおもしろさや楽しさを求め、考えて工夫しようとするようになります。その姿を友達どうしで認め合える関係性が生まれ、さらに意欲的になります。

事例② ‖ 9月

4歳児 3期

自己主張期

ルールのある遊びを楽しむ
～マイルールが増えるおにごっこ～

腕をクロスして…

タッチできないよ！

鬼決めしよう！

　昼食後の時間、園庭に子どもたちが出てきました。午前中に遊んでいたおにごっこをもう一度しようと集まってきます。❶

　「鬼決めしよう！」と、サチが声を上げると、みんなが片足を前に出して円になりました。けれども、鬼決めの円に、ミキが入りそびれてしまっています。保育者が、「ミキちゃん、入ってないけど」と声をかけると、その声にサチが気づいて、「ここに入れるよ」とミキを促します。ミキも円に加わり、みんなの足がそろったところで、ユウキが「鬼決めする人」と声を上げました。❷

　ミキがすばやく手を挙げ、「鬼決め、鬼決め、誰が鬼じゃない？」と唱えながら、出された足の甲に順番に指を置き、鬼決めを始めます。指の止まった子からつぎつぎに円から抜けていき、最後に残ったのはメイでした。

これまでの経緯

おにごっこ、バナナおにや増えるおに（タッチされた子の鬼が増えていく）、椅子取りゲームなど、一定のルールを友達と共有して遊ぶことを楽しむようになってきています。

「鬼決め、鬼決め…」

巧みに逃げる、追いかける!

　鬼になったメイは、クラスカラーの帽子を裏返して白色にすると、勢いよく駆けだしました。他の子もメイが走りだすのと同時に、園庭の隅々に散っていきます。

　友達を追いかけて走るメイ。追いかけられる側は、追いかけてくるメイを振り返って見ながら、逃げていきます。逃げる途中で遊具の下をくぐったり、段差をすばやく駆け上がったり、タッチされそうになると身をひるがえしてかわしたり、逃げる方も必死です。❸

どんどん増えるマイルール

　このおにごっこのルールは、タッチされたら陣地に戻ることになっていました。メイが次は誰を追いかけようかと、足を止めて園庭を見回していると、コウタがやってきて腕をクロスさせました。メイがコウタに手を伸ばそうとすると、「タッチできないよ!」と言います。どうやらバリアのつもりらしいのです。❹　メイもコウタの様子から意味を理解し、諦めて別の子を追いかけると、今度はタッチ成功。ところが、タッチされたユウスケは陣地に戻らず、別の子にタッチしてもらい、また逃げ始めたのです❹

　陣地ではアキトが手を広げながら、なにやら話しています。

　「ここのドアの鍵が開いたら、逃げられるよ」❹

　どうやらアキトのなかでは、陣地を部屋のようなものと空想して、ドアに鍵がかかっていると考えたようです。

　子どもたちのなかで、新しいマイルールがどんどん生まれていきます。

育ちの読み取り ❶
みんなで遊ぶ楽しさを味わう
遊びへの興味が広がり、気の合う友達数人での遊びから、大勢で遊びを楽しむようになります。

育ちの読み取り ❷
友達のなかで自分を出す
楽しいことに向かって、自ら進んで友達と関わり、積極的に遊びを進めています。

育ちの読み取り ❸
身のこなしがスムーズになる
四肢の動きがスムーズになって、体のバランスを取りながら活発に動きます。

育ちの読み取り ❹
マイルールで遊びを進める
友達と遊びを共有しながら、自分流の解釈やアレンジを加え、「マイルール」を個々に言いだして遊びを進めます。

事例から見る子どもの育ち

ルールのある遊びを楽しみ共有する一方、マイルールを誇示する

　ルールのある遊びのおもしろさに気づき、友達と共有して大勢で遊ぶようになってきた子どもたち。ルールの理解はあるものの、遊びが進んでいくなかで、個々の解釈やアレンジを加え、ルールや遊びを変化させていきます。コウタの「バリア」や、ユウスケの「友達にタッチしてもらって逃げる」、アキトの「ドアの鍵」などがその例です。

　ルールをアレンジしたり、増やしたりしていくおも

しろさを個々に楽しんでいますが、友達と共有するまではいかないようです。そのためトラブルになることも出てきます。やがて、友達との関わりが深まるなかで、変化を共有して遊ぶ楽しさに向かっていくことでしょう。

　また、身のこなしが敏しょうになり、四肢の動きがスムーズになって走るスピードも速くなり、俊敏さや体を支える力も備わってきている姿もわかります。

4歳児 3期
自己主張期

イメージを具現化する
～救急車を作ろう！～

「『ピーポーピーポー』っていうのを付ける」

段ボール箱どうしをくっつけようとしますが…

イメージどおりの救急車を作りたい

　子どもたちが病院に興味をもって、ごっこ遊びが始まりました。診察室や待合室用の椅子を並べ、薬を作り、思い思いの役割で関わっています。❶

　病院ごっこをしていたユキホとエリは、救急車を作ることにしました。材料の段ボール箱を前に、思案顔の2人。最初に、エリが段ボール箱のふたを閉めると、ユキホはエリが閉めたふたを開け、「下から足が出るようにするから。それと、真ん中に『ピーポーピーポー』っていうのを付ける。それは赤」と言いました。エリは、ユキホの提案にうなずいて応えます。すると、ユキホは、廃材ボックスから赤色のカップを持ってきて、段ボール箱に貼り付けました。回転灯（赤色灯）に見立てたようです。❷

　その様子を見ながら、今度はエリが「人が入れるようにしない？」と声をかけました。「ほら、こうすれば入るじゃない」と、段ボールの中に入りながらユキホが答えます。「何人も入れるようにしようよ。段ボールをつなげればいいんじゃない？」とエリ。「いいね！」とユキホ。こうして2人は、段ボール箱を探しに出かけました。❷

これまでの経緯

廃材が保育室に準備されているため、廃材を使って思い思いに製作をしています。セロハンテープやガムテープなどの道具で廃材をつなぎ合わせ、剣などのごっこ遊びのアイテムを作っています。

育ちの読み取り ❶
なりきって遊ぶ
一緒に遊ぶ友達と共通のアイテムをそろえて、なりきってごっこ遊びを楽しみます。

病院クラブだから

　園内を探していると、それに気づいた保育者が、段ボール箱を出してくれました。

保育者「段ボール、何に使うの?」

ユキホ「救急車を作るの」　エリ「段ボールを2つつなげて作るの」❸

保育者「救急車を作るんじゃ、大変ね」

エリ「そう。わたしたち病院クラブだから」❸

保育者「クラブなんだ。ところで、さっき『病院に行きたい人いますか?』ってお知らせしてたでしょう。だから行こうと思うんだけど。おなかが痛いとか、歯が痛いとか理由はなんでもいいの?」

ユキホ「なんでもいいよ。ケガとか病気のふりをすれば。うふふふふ」❸

保育者「ふりねぇ。あはは。じゃあ、あとで病院に行くわね」

段ボール箱をつなげたい

　ちょうどいいサイズの段ボール箱が見つかると、2箱をつなぎ合わせることにしました。ユキホは道具棚からスズランテープを持ち出して、付けようとしますが、迷った末に、廃材ボックスにあったセロハンテープの芯で段ボール箱どうしをつなげることを思いつきました。ユキホが段ボール箱の側面にセロハンテープの芯を当てると、エリがそれを見て、セロハンテープを1枚切って持ってきました。ユキホはテープを受け取ると、エリに「持ってて」と芯を支えるように指示を出し、テープで留めます。次にもう片方を、別の段ボールに留めようとしますが、なかなかうまくいきません。❹　2人で支えたり押さえたりしますが、外れてしまいます。そこで、セロハンテープの芯を使うことは諦め、今度は小箱を使って貼り付けようとしますが、これもうまくいきません。

　苦戦する2人に保育者が声をかけ、手伝いを申し出ると、2人はイメージする救急車を説明し、一緒に作り始めました。

育ちの読み取り❷

必要なアイテムを準備して場を作る

ごっこ遊びに必要なアイテムや場を準備して、イメージの世界を具現化します。

育ちの読み取り❸

状況を説明しながら会話を楽しむ

相手にわかるように状況説明をしたり、友達や保育者と思いを伝え合ったりして、会話を楽しんでいます。

育ちの読み取り❹

イメージを具現化しようと試行錯誤する

頭に描いたイメージを形にしようと、アイデアを出し合ったり、道具を用いたりして試行錯誤しますが、うまくいかないこともあります。

事例から見る子どもの育ち

友達とアイテムや場を作って、遊びを進める

　日常の経験やヒーロー・ヒロインをイメージし、そのイメージを共有しながら友達とアイテムや場を作って、ごっこ遊びをするようになります。好きな役を選んで、その役にちなんだ言い回しをしたり、役になりきった表現をしてやりとりを繰り返し楽しみます。また、状況をよく見て説明したり、友達の冗談がわかったりして、会話を楽しみながら遊びを進めるようになります。

　こうしたなかで、必要な物を準備しようと張り切り、試行錯誤する姿も見られます。しかし、技術やアイデアが及ばなかったり、自分の役割が見いだせなかったりして、思うようにいかないこともあります。保育者がタイミングよく関わることで、考えたり試したりしたことが形になる達成感や、自分も一緒に作ったという協同の経験や有用感を味わい、意欲が育ち次への目的に向かう力となることでしょう。

友達から刺激を受け、思いを積極的に表出する

この期の子どもの姿

　遊びや生活のなかで、友達の言動に触れ、たくさん刺激を受けます。友達がやっていたことを自分なりに取り入れて、アレンジして遊びます。友達に対して、自分の思いを主張し、クラスのなかで積極的に自己をアピールするようになりますが、自分の思いと現実との間で葛藤を経験する時期でもあります。

特性1　友達を意識して自己を主張し、優位に立とうとする

　他者を意識して、自分を認めてほしい気持ちが強くなり、自分の思いを積極的に表します。時には、自分の知っていることを一方的に話したり、オーバーリアクションで表現したりするなど、自分をアピールしてクラスのなかで目立とうとしたり、友達との関わりで自分を誇示したりする姿も見られます。

特性2　活動や経験を遊びに取り入れながら、イメージを具現化して遊ぶ

　園での活動や行事、家庭で経験したことや社会事象など、見聞きしたさまざまなことを遊びに取り入れていきます。友達とイメージを共有してアイテムを製作し、ブロックやテーブル・椅子・マットなどで場をつくり、ごっこ遊びを楽しみます。

特性3　友達に影響を受け、言動や遊びに取り入れる

　友達の言動に刺激を受け、ごっこ遊びなどで交わされる言い回し（せりふ）やポーズ（身体表現）、遊びのアイテムなどをまねしたり、自分なりにアレンジして遊びに取り込みながら、友達と関わるようになります。また、友達にまねされることで、認められた喜びや優越感を感じます。

特性 4　四肢の力が強くなり、バランスをとりながら動くようになる

　四肢の動きがスムーズになり、バランスもとれるようになります。例えば、おにごっこなどで走って逃げる動きから、足の蹴り方が力強くなり、鬼をかわす身のこなしが軽やかになります。また、鉄棒や登り棒では、腕の力で体を支えたりぶら下がったりして活発に遊ぶようになっていきます。一方、調子に乗って危険回避ができにくくなることもあるので、保育者は注意が必要です。

特性 5　規範意識が育ち欲求とのはざまで葛藤し、迷ったり考えたりする

　自分の思いを強く主張し、周囲の状況や相手の気持ちを受け入れられないことがあります。同時に、順番や片づけ、挨拶などの規範意識が育つなかで、相手の様子や状況がわかり、周囲の友達からの言葉に自分の行き過ぎた行為を振り返り、考えたり悩んだりすることもあります。保育者の声かけや気持ちの代弁を通して、調整しようとする姿が見られます。

 この期の
クラスづくりの
point

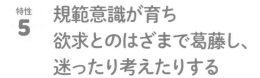 保育者の援助と環境構成

自己アピールの場を楽しむ活動を取り入れる

　子どもたちは一緒に過ごす友達の言動にひかれ、まねして自分なりにアレンジを加えて、よりおもしろく・よりかっこよくしようとふるまい、誇示します。このような自己表出をアピールできる場を活動に取り入れましょう。一人ひとりが主役となり満たされる思いを感じながら、その子らしさをクラスのなかで認め合えるよう、援助を考えます。例えば、伝え合いの時間をつくり、個々の製作物や捕まえた虫など、遊んだことを紹介したり、読み聞かせ絵本を日替わりで選んだり、インタビューごっこで、互いに聞きたいこと話したいことを伝え合える場をつくるなど、個々の表出の場を考えてみましょう。

経験を友達と共有して遊べる活動を増やす

　経験したことを具体的に伝え合い、会話をするようになるこの時期、子どもたちの経験をもとに環境を用意しておくことで、遊びが広がります。聴診器やナース帽から病院ごっこ、総菜のパッケージ（廃材）からレストランやお店屋さんごっこへ、その他、ホテルや温泉ごっこなど、材料を調達したり適当な物を選んだりしてさまざまなごっこ遊びに広がります。イメージが先行する子どもたちですが、形にする際には、様子を見守りながら必要に応じて保育者が関わります。時に、保育者が遊びの一員になり、配役を通してやりとりを楽しんだり、アイデアを出したりすることも、遊びの支えとなるでしょう。

4歳児 4期

仲間意識期

友達関係のなかで葛藤する
～リレーがやりたいのに…～

ほとんどの子どもが青チームを希望

なかなかスタートできない

メンバーを集めよう

　4歳児が、リレーをしようと園庭に集まってきました。2つのカラーコーンの前に青チーム・白チームの2チームに分かれようとしているようです。

　ミサキは両チームの人数を数え始めました。「ねえ、もうやろうよ」とユキが声を上げます。ミサキは、「待って。まだ5人だけでしょ」と答えて、両手の指を使いながら人数を数えています。❶❷　ユキは、「ねえ、早くしてよ」と待ちきれない様子です。

　それを見ていた保育者が声をかけると、「リレーやろうとしているんだけどさ、5人しかいない。6人か8人いないとできない」とミサキ。集まった人数が偶数でないと、2チームに分けたとき、同じ人数にできないと考えているようです。そこへ、ソラが園庭で遊んでいた他の友達を連れてきて、ようやくメンバーがそろいました。❷

チームを決めよう

　メンバーがそろったところで、青チーム（青い帽子）・白チーム（白い帽子）のチーム分けを行おうとしたところ、ほとんどの子どもが「青チームがいい！」と言って、チー

育ちの読み取り❶

**ルールや秩序を
守ろうとする**

遊びのルールを理解し、守ろうとする姿が見られます。友達が守らないと、指摘する姿もあります。

育ちの読み取り❷

**状況がわかり、
自ら行動しようとする**

リレーで人数を数えて、何人足りないか考え、他の仲間を探しに行くという状況判断をしています。

ムの人数に偏りが出てしまいました。ミサキが数名のメンバーに、チームを変更するよう声をかけていきます。

ミサキ「じゃあ、ソラちゃんとユキちゃんは白チームにして。我慢して！」

ソラ・ユキ「我慢できるけどさあ、でも嫌なの！　白チームは…」❸

ミナ「どうしたの？」

ソラ「青がいいのに、『白にして』って言うの。嫌だよ」

ミナ「じゃあ、わたしが白チームになるから」

　ミナが、自分から白チームに移動してくれました。

フミト「ねえ、それでもまだ青が多いよ。ほら、1、2、3…」

ユキ「もう、早く！　早くしよう！」

ミサキ「じゃあ、みんな、一列に並んで」

　両チームの人数がそろっているか、まっすぐ整列しているか確認します。やっと、両チームの人数が3人ずつになり、スタートの準備が整いました。

まだまだスタートできない

　さて、いよいよリレーのスタートとなるはずが、今度は、誰が第1走者になるかをめぐって、トラブルが発生したようです。

　「ちょっと、最初はミサキだよ」「なんで！　わたしがここだった」と、ミサキもミナも譲りません。ミサキの「じゃんけんで決めよう」の提案も、ミナに拒否され、押し問答が続きます。❸

保育者「どうしたの？」

ユキ「ミナちゃんが先だったのに、ミサキちゃんが前に入っちゃったの」

　ユキが保育者に状況を説明していると、ミナは泣き出してしまいました。❹　ミサキは、泣いているミナに第1走者を譲ろうとしましたが、ミナはなかなか泣き止みません。ミサキは、「もういやだ！」と、その場から立ち去ってしまい、リレーは始められなくなってしまいました。

「早くしよう！」

育ちの読み取り❸
**友達どうしで
主張がぶつかり合う**

友達と遊びたい思いがあるなかで、それぞれ「こうしたい」「これはいやだ」と思いを主張し合っています。

育ちの読み取り❹
**状況を伝える
力の育ち**

状況を伝える力は育ってきていますが、自分の思いや気持ちを説明する力は、未熟な部分が見られます。

事例から見る
子どもの育ち

友達との関係性が深まるなかで葛藤する

　この時期、友達と一緒に遊びをつくることの楽しさを感じながら過ごす姿が見られるようになります。そこで子どもたちは、イメージを共有することや友達からの刺激を自分に取り込み、自分の考えを提案しながら遊びを進めることに楽しさを感じています。

　しかし、友達との関係は、常に楽しいものだけではなく、「自分がこうしたい」という主張や友達より優位に立ちたいという思いがぶつかり、葛藤することが

多くなります。また、ルールや秩序に対する理解が深まり、自ら状況を判断して行動する姿が見られるのと同時に、ルールを守らない友達に対して厳しく指摘することもあります。この時期の子どもどうしの主張は、時にそれぞれの思いがかみ合わず、トラブルになることもありますが、子どもたちはそれでも仲間と一緒にいたいと葛藤しているので、仲間関係が深まってきたからこその姿と言えます。

4歳児 4期
仲間意識期

イメージを重ね合わせて共有する
～劇ごっこ『おおかみと7匹の子やぎ』～

「トントントン」「誰ですか？」

ぬいぐるみ（石）を詰め込まれるオオカミ役

絵本からイメージを広げる劇ごっこ

　絵本『おおかみと7匹の子やぎ』の読み聞かせを聞いた後で、お話の内容に沿って
クラス全員で劇ごっこをすることになりました。

　保育者が、「先生は、今、お母さんなんだけど、これから町に牛乳を買いにおつか
いに行くから、ちゃんとお留守番できる？」と声をかけると、子どもたちは、「うん、
できる！」「オオカミが来たらやっつける！」と口々に答えました。❶　こうして、オオ
カミ役と子ヤギ役に分かれて、劇ごっこが始まりました。

保育者とオオカミ役「トントントン」

子ヤギ役「誰ですか？」

保育者とオオカミ役「お母さんだよ」

子ヤギ役「ガラガラ声だから違う！　オオカミ、オオカミ、あっかんべー」

保育者「オオカミさん、どうする？　『ガラガラ声だからお母さんじゃない、オオカミ
　　　だ』って言っているね」

オオカミ役「ガラガラうがいする！」❷

　オオカミ役の子どもたちは、ガラガラうがいのまねをしました。そして、もう一度子

育ちの読み取り❶

**イメージを共有する
楽しさを味わう**

自分のイメージと友達のイメージが
重なり、つながる楽しさを味わうよ
うになっています。

ヤギ役の子どもたちの所へ行きました。

オオカミ役「トントントン。お母さんだよ」

子ヤギ役「手を見せて！　黒ーい！　オオカミ、オオカミ、あっかんべー」

　保育者は、オオカミ役に、「子ヤギたち、頭がいいね。『手が黒い』って、どうする？」と尋ね、白い手袋を着けて変装することにしました。

オオカミ役「トントントン。お母さんだよ」

子ヤギ役「手を見せて！　あっ、お母さんだ！」

オオカミ役「開けて？」

子ヤギ役「いいよ」

　子ヤギ役が扉を開けると、オオカミ役が家の中に入って、子ヤギ役に襲いかかります。逃げる子ヤギ役も、追いかけるオオカミ役も楽しそうです。このように、子どもたちはそれぞれの役になりきって、せりふでのやりとりを楽しみながら劇遊びを進めていきました。❶❸

　この後のシーンでも、保育者の問いかけに対して、子どもたちがアイデアを出していきました。オオカミのおなかに入れる石については、「石ないよ」「石は痛いよ」「ぬいぐるみは？」などの意見が出て、石に見立てたぬいぐるみを服の下に入れることにしました。❷❸　また、お話の最後に、オオカミが井戸に落ちる場面では、ビニール製の大きなクッションを井戸に見立てて、そこに倒れ込むことになりました。

　こうして、物語の最後まで、劇ごっこを楽しみました。

お客さんを呼ぼう！

　クラスで劇ごっこを数回繰り返したところで、3歳児クラスの子も見たいのでは、という声が上がりました。❹　見せるためにはなにが必要かを考えて、劇の開演を知らせるポスターを思い思いに作り、園内に貼り出しました。❷❸　昼食後、3歳児クラスのお客さんが大勢やってきて、劇ごっこは大盛況で終了しました。

育ちの読み取り ❷

情報を収集し整理する力の育ち

その場の状況によって、自分のもっている経験や情報を整理し、判断するようになってきています。

育ちの読み取り ❸

友達からの刺激を楽しむ

友達の発言に刺激を受け、自分のなかに取り込んで、さらにアイデアを出していくことが楽しくなります。

育ちの読み取り ❹

仲間意識の育ち

仲間のなかにいるという所属意識や、集団にいる心地よさ・楽しさを感じています。

事例から見る子どもの育ち

イメージがつながり、刺激し合いながら広がる楽しさ

　子どもたちは、みんなで絵本に出てくるオオカミや子ヤギのイメージを共有しながら、役になりきることを楽しんでいます。ここでは、オオカミやお母さんヤギがどのような声・手をしているか、子どもたち一人ひとりの具体的なイメージがクラス全体で重なっているため、役になりきって遊ぶことができています。

　また、保育者からの問いかけに友達がアイデアを出し、その発言を受けて自らも提案するというやりとりでは、友達から刺激を受け、それを自分のなかに取り込んで反応することをおもしろがっている様子も見られます。

　このような子どもの姿は、これまでの経験や知識から、「オオカミらしく見えるには何が必要か」「ガラガラの声をきれいにするためにはどうしたらよいか」などの情報を収集し、整理し、引き出すという認知的な育ちが基盤になっているのです。

事例③ 11月

4歳児 4期
仲間意識期

自分なりに気持ちを調整する
～砂場での富士山作り～

砂場に富士山を作る

「だめだよ！」「なんでっ？！」

大きな富士山を作りたい！

　昼食後、砂場に4歳児数名が集まり、山作りに取り組んでいました。その大きな砂山は、富士山だそうです。どんどん砂をかけていく子にマコトが声をかけます。

マコト「もうそろそろ、やめた方がいいよ」

ユウキ「えっ、どうして？」

マコト「だって、富士山、壊れちゃうじゃないか。今は、僕が5歳だからこれぐらい」

　マコトは、自分のおへその辺りを指さし、砂山が同じくらいの高さであることを伝えました。

ユウキ「おれ、まだ4歳。12月6日だからまだ。12月6日で5歳だよ」

マコト「じゃあ、もう1年生？」

　そうしている間にも、山の砂が崩れ始め、下に流れだしました。

ショウ「ねえ、これ、うどん？　うどんが流れてるみたい」

ユウキ「うどんじゃなくて、崖みたいだよ」

ケント「滝じゃん、これ砂の滝」❶

マコト「もうやめた方がいいんじゃない？　なんでかと言うと、穴掘りする。そろそろ、

育ちの背景

仲間意識が深まるなかで、砂場などでは、友達と協力して大きな物を作ろうと、意欲的に取り組む姿が見られるようになってきています。

育ちの読み取り❶
**友達と遊びをつくる
楽しさを味わう**

友達からの刺激を受け、言葉を媒介にしながら、自分なりに表現することを楽しんでいます。

富士山の横に穴掘った方がいいんじゃない？」

ショウ「よし！　ショウちゃんのお父さんのおじいちゃんのために、もっと高くしよう」

マコト「ねえ、ちょっとぼくの話聞いてよ！　ここに穴掘ったらいいんじゃない？　トンネルとか」

　マコトが、穴を掘ることを再度提案しますが、ショウは山の上に砂をかけ続けます。どんどん砂を山の上に運ぶショウを静止しようと、今度はユウキが声をかけました。

ユウキ「ねえ、だめだよ！」　ショウ「なんでっ？！」

ユウキ「もっと固くしないと、トンネルできないよ。パンパンしないと」

ケント「先に、もっと高くするの」

　山をもっと高くしたい子どもと砂を固めて山が崩れないようにしたい子どもがいるようです。しばらくの間、山に砂をかける子どもと固める子どもとに分かれて作業を進めていました。❷

まだ遊びたいのに…

　「入れてー」。数名が仲間に入りたいと、スコップを持って砂場にやってきました。❸でも、「ダメ、それじゃダメだよ」と答えるショウ。同じ種類のスコップを使わないと、仲間に入れないと言うのです。

　ちょうどそのとき、片づけの時間になってしまいました。ショウが乗る降園バスが来てしまいます。それでもショウは、「なんでよ！」と涙ぐみながら富士山作りを続けています。

ケント「ショウくん、あと1回やったらおしまいね。いい？　いい？　約束」

ショウ「ケントくんは、早く自分のことやってて！」

ケント「じゃあ、あと2秒。2・1・0！　お片づけだよ。ショウくん、どうするの？」

ショウ「もう、帰ってよ！」

　なおも富士山作りを続けるショウでしたが、しばらくすると、「じゃあ、ずっとこれ守っててね。夜になるまでずっと！」と、まだ降園の時間になっていない友達に言い残し、保育室に戻っていきました。❹

育ちの読み取り ❷

遊びの意欲や持続力の高まり

仲間意識が深まることで、遊びや活動に対する意欲が高まり、同じ遊びで遊ぶ時間も長く継続されるようになってきます。

育ちの読み取り ❸

遊びや生活のなかで、友達を意識する

友達を意識し、友達の魅力ややっていることのおもしろさに気づき、集まる姿が見られます。

育ちの読み取り ❹

自己抑制の育ち

その場の状況や、しなければいけないことを理解し、欲求との間で葛藤しながらも、自分なりに気持ちを調整しようとしています。

事例から見る子どもの育ち

友達を意識しながら一緒に遊びをつくる楽しさを味わう

　子どもたちは、友達との関わりが深まってくることで、それぞれ相手の性格や得意な事柄などのパーソナリティーがわかってきます。友達どうしの関係性もわかってくるので、遊びの仲間に入るには誰に聞けばよいのか、この遊びではどの道具が必要なのかなど、状況を見ながら行動する姿が見られるようになります。同時に、場の状況がわかるがゆえに「まだ遊びたいけど、もう帰りの時間だから片づけをしなきゃ」など、

決まりと自分の欲求との間で葛藤することもありますが、自分なりに気持ちの調整をしようとします。

　また、この富士山作りの事例では、「うどんが流れてるみたい」「うどんじゃなくて崖だよ」と友達からの刺激を受け、自分なりに表現するという相互のやりとりを楽しんでいる様子もわかります。遊びを一緒につくることがおもしろくなり、持続時間も長くなってきます。

葛藤を繰り返し
仲間関係を深める

この期の
子どもの姿

　この時期の4歳児は「一緒に遊びたい！」と仲間とのつながりが強くなり、エネルギーに満ちあふれています。友達のすることや言葉に刺激を受けて、一緒に遊びをつくることに楽しさを感じ、活動的に取り組んでいきます。そのなかで、思いどおりにならないことを経験し葛藤を繰り返しながら、友達にもいろいろな思いがあることに気づき、仲間意識が深まっていきます。

特性 1　友達どうしの自己主張がぶつかり合うなかで、いろいろな思いに気づき葛藤する

　友達とのやりとりのなかで、自分の主張を通したい気持ちや、自分の思ったどおりにはいかないときもあることを経験します。こうした経験から、他者にはいろいろな考えや思いがあることに気づき葛藤し、折り合いをつける方法を模索していきます。この根底には、子どもたちが友達との生活や遊びをよりよく・楽しくしたいという思いがあります。これは他者と自分を理解していく過程で心が揺れている姿なのです。

　子どもどうしで主張をぶつけ合い、複雑な感情を抱きながらも相手の思いを受け入れたり、自分の思いを受容してもらう経験を重ねることで仲間関係が深まっていくといえるでしょう。

特性 2　友達と共感したり刺激を受けたりして、自分なりに表現しながら意欲的に遊びを進めようとする

　この時期の子どもたちは、友達の遊びの魅力に集まるようになり、遊びをよりおもしろくしたいという思いがあふれるようになってきます。そのなかで、友達の発言に共感したり刺激を受けたりして、一旦自分に取り込み「○○はどう？」と自分の発想を加えて返答するやりとりを楽しみ、自分たちで遊びを展開していくことに喜びを感じていきます。

　また、自分の経験したことや絵本のお話などをもとに想像の世界を広げ、ごっこ遊びや劇遊びに夢中になります。友達が考えていることと、自分の考えていることが重なり、互いのイメージがつながる楽しさを感じているのです。

特性 3 ルールや決まりの大切さに気づき、守ろうとする

ルールや決まりを守ることの大切さを理解し、砂場の遊具や製作の材料の片づけ場所をしっかり把握して、ていねいに片づける姿が見られます。また、リレーや花いちもんめなど、チームに分かれて行う遊びでも、チームごとに人数をそろえることや、それぞれの遊びのルールを理解して遊ぶようになります。その一方、ルールを守らない友達に対しては「Aちゃんはダメ」と辛辣に遊びから外したり、相手の状況や思いとは関係なく一方的にルールを強要することがあり、トラブルになることも少なくありません。

特性 4 体力がつき、遊びの取り組みへの持続時間が長くなる

この時期の子どもたちは、手先の巧緻性や身体的な機能の発達が進み、全身の動きが巧みになってきます。運動機能の面では、全身のバランスが発達し、鉄棒や大縄跳びなどを何度も繰り返し取り組む姿が見られます。全身を使って活動的に遊ぶことが多くなり、体力もついてくるため、遊びの継続時間も長くなってきます。同時に、手先が器用になり、ハサミで曲線を切る、ひもを結ぶなどの動作がスムーズになり、ごっこ遊びに必要な小道具を自ら製作したり、廃材を利用して工作を楽しんだりするようになります。

この期の
クラスづくりの
point

保育者の援助と環境構成

保育者がよい聞き役となり、子どもの思いやイメージをつなげる

状況の説明や要求を伝えることが巧みになってきていますが、自分自身の気持ちを伝えることは難しい場面も多く見られます。友達とのトラブルの際は、保育者は、はじめに子どもが思いを伝えられる場や状況をつくって、思いを聞き、次に相手の気持ちを聞いて、最後にお互いの気持ちに気づけるよう仲介し、それぞれの思いがつながるように援助をしていきましょう。

保育者は日頃から子どもの話に共感的に耳を傾け、子どもたちが意見を言え、友達と話し合って一緒に考える環境を意識して整えるとよいでしょう。

友達と集える空間や、イメージを形にできる製作コーナーを設定

仲間関係が深まり、友達4〜5人と遊ぶ場面が多くなってきます。自分たちの場として遊びが展開できるような仕切りや大型積み木、段ボール板を設定しておくとよいでしょう。

また、この時期は、なりきって遊んだり、ごっこ遊びに夢中になる様子が多く見られます。それぞれのごっこ遊びに必要な物が製作できる材料を用意しておきましょう。テープ1つでも、セロハンテープ・紙テープ・ビニールテープなど、さまざまな種類の物を準備することで、子どもたちは、より自分たちのイメージに沿った小道具を製作することができ、ごっこ遊びが充実するでしょう。

4歳児 5期
自己充実期

相手の様子から気持ちに気づき始める
～じゃあ、おれ、こっちに行くわ～

「かーってうれしい、花いちもんめ！」

花いちもんめの楽しさ

「かーってうれしい、花いちもんめ！」

自由遊びの時間に、9人の子どもが「花いちもんめ」をして遊んでいます。2学期後半に保育者が遊び方を知らせ、保育者と一緒に楽しんできました。この日は子どもたちだけで遊び始めました。❶　保育者も後から仲間に入りましたが、遊びのペースは子どもに任せることにしました。

声を合わせて歌を歌う場面では、ところどころ思い出せない箇所もありますが、保育者が続きを少し口ずさむと思い出し、歌って楽しんでいます。相談する場面では、数人ずつ頭を突き合わせて、顔を寄せ合って「誰にする？」「○○ちゃんは？」「いいね」などと言い合うことをおもしろがっているようです。また、じゃんけんをする場面では、じゃんけんの様子をどの子どもも食い入るように見て、結果に喜んだり残念がったりしています。❷

育ちの読み取り❶
自分たちで遊びを進める
ところどころで保育者の援助を受けながら、自分たちで遊びを進めようとしています。

「誰にする？」

1人になっちゃった

　マコトはこれまでも何度も「花いちもんめ」の遊びに仲間入りをしていて、この日も最初からずっと遊んでいました。一緒に遊ぶことの多いハヤトも一緒です。何度か繰り返すうちに、マコトのいるチームが勝ち続け、ハヤトのいるチームの人数が少なくなって、偏りが出てきました。そのうち、ハヤトのチームはハヤトとチヒロの2人になりました。ハヤトは自分のチームにマコトに来てほしくて、「マコトくんがほしい」と決めました。マコトのチームはチヒロを指名したため、マコト対チヒロのじゃんけんです。ところが、じゃんけんでマコトが勝ったため、ハヤトは1人になってしまいました。

　じゃんけんに勝ち、チヒロを獲得したマコトは「やったー」と喜んで跳びはねています。しかし、ハヤトは1人になってしまったため、顔は笑ってはいますが、不安そうにその場をウロウロ歩き始めました。今まで、どちらかのチームが1人になってしまうという状況がなかったのです。保育者は、子どもたちがどうするのか様子を見守ることにしました。

　時間にして5秒くらいでしょうか。今まで喜んでいたマコトが、「じゃあ、おれ、こっちに行くわ」と言って、ハヤトの隣に移動し、ハヤトの手を握りました。❸　途端にハヤトの表情は明るくなり、思わず跳びはねています。マコトもうれしそうです。

　じゃんけんで負けた人が、勝った方のチームに移動するのが「花いちもんめ」のルールです。一瞬、「じゃんけんで決めるんじゃないの？」と声をかけようとした保育者でしたが、ハヤトの安心したうれしそうな顔を見て、声をかけるのをやめました。マコトは、ハヤトの不安そうな様子に気づいて、自分からハヤトのチームに移動したのでしょう。子どもたちも、じゃんけんに負けていないのに移動したマコトに対して、誰も指摘しようとはせず、マコトの移動は受け入れられ、遊びは続きました。❹

育ちの読み取り ❷
仲間意識の高まり
「花いちもんめ」には、友達と一緒にすると楽しくなる要素がたくさんあります。相談するとき肩を組んだり、じゃんけんの様子を見守ったりする姿から、仲間意識の高まりが感じられます。

育ちの読み取り ❸
友達の姿に気づく
マコトは、ハヤトの不安そうな状況にいち早く気づきました。特に遊ぶことの多い友達に対しては、表情やしぐさから相手の思いに気づく場面も見られるようになります。

育ちの読み取り ❹
状況に応じて対応を変える　あいまいさを受け入れる
状況に応じて、本来のルールとは少し違うことをしても受け入れられるようなあいまいさがある点も、4歳児後半の育ちと言えます。

事例から見る子どもの育ち　友達と考えや思いを伝え合いながら遊ぶ

　さまざまな友達と関わるうちに、気の合う友達もある程度決まってきます。一緒にいて心地よい相手がいることで、友達と一緒に遊ぶ楽しさを積み重ねてきました。そのなかで、この時期の4歳児は、相手の気持ちに気づいたり、自分の気持ちを言葉や動きで相手に伝えようとするようになってきます。この事例では、複数の友達と一緒に遊ぶなかでも、特に気の合う友達の様子に気づき、自分で行動する姿が見られます。

　みんなで一緒に遊ぶためにはルールが必要で、ルールがあることにより、仲間入りがしやすかったり、同じ楽しさを共有することが可能になります。しかし、この時期には、自分たちで遊びを進めることも多くなり、ルール自体の基準があいまいで、そのあいまいさが楽しさにつながることもあります。

　この事例のように、ルールだからと縛るのではなく、子どもの楽しみ方に合わせて、時にはあいまいさを受け入れていくことも必要です。

4歳児 5期
自己充実期

見通しをもち自分なりに工夫する
～廃材でウサギを作る～

カップに収まる太さのラップ芯を探す

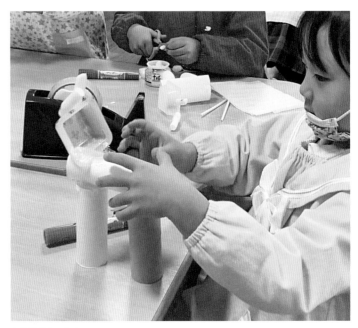

ウサギが立った！

廃材でウサギを作ろう

　大きなかごが、材料置場のテーブルの上にいくつも置かれています。かごの中には、ラップ芯・厚紙・色画用紙・発泡スチロールの緩衝材・気泡緩衝材・さまざまな大きさのプラスチックの容器などの素材や、ハサミ・セロハンテープ・マジックペンなどの道具の数々。保育者が、「使いたい分だけ、必要な分だけ取りに行ってごらん」と声をかけると、どの子どもも、わっとテーブルに駆け寄りました。

　今日は、クラスのみんなが、それぞれ廃材を使ってウサギの製作をします。

ラップ芯をカップにはめるには？

　レンは、ラップの芯を2本手に取り、次にヨーグルトのカップが入れてあるかごの前に来ました。ヨーグルトのカップを4個手に取ると、ラップの芯をカップに差し込みます。芯がカップに収まることを確認すると、もう1本の芯を別のカップに差し込もうとしています。ところが、今度は太さが異なり、ラップの芯がカップの直径よりも太いため、カップに収まりません。ラップの芯がぐにゃっと潰れてしまいました。それを見

自由遊びの時間に、数名の子どもが廃材でウサギ作りをしていました。クラスのみんなでも作ってみたいという話になり、製作することになりました。

たレンは、ラップの芯が入れてあるかごに戻り、別の芯を持ってきて、再度カップに差し込んでみました。今度はピッタリと収まります。❶ 「うん」とうなずくと、レンは芯とカップを両手に抱えて自分の席に戻りました。

ウサギが倒れないようにしたい

ミホは、紙筒を3本使って、ウサギの体と足を作っています。1本を横向きにして胴体として使い、残りの2本を胴体の下に立てて足にします。顔は、総菜の四角いカップを使用し、マジックで目と鼻と口を描きました。耳は、発泡スチロールの緩衝材です。セロハンテープを輪にして両面が付くようにして、総菜のカップに貼りました。❷❸

丸い筒の体に、丸い筒の足を付けたので、足の向きが微妙にずれてしまい、バランスが悪く、グラグラして倒れてしまいます。ミホは、倒れてしまう様子を見て、セロハンテープで胴体と足の接合部分を何度も補強しています。貼る度に、真剣な表情で手を離し、バランスを見て、倒れてしまわないか確認します。何度か補強を重ねたところで、ウサギが倒れずに立ちました。❸❹ ミホはウサギを手に取ると保育者のもとへ駆け寄り、見せました。保育者は、「わあ、今にも走り出しそうだね」と声をかけ、名前を貼るためのシールを渡しました。ミホはホッとしたようなうれしそうな顔でシールを貼ると、ウサギを抱えながら他の友達のウサギを見て回っていました。

育ちの読み取り❶
見通しをもって行動する

ラップ芯とカップをやみくもに取るのではなく、カップに収まるかを試しながら取っています。どのように作りたいかの見通しをもっています。

育ちの読み取り❷
手指の操作性が高まっている

素材どうしを組み合わせて接着する、セロハンテープを輪にするなど、指先をうまく使っています。

育ちの読み取り❸
自分なりに試したり工夫したりする

テープを輪にして両面が貼れるようにしたり、ウサギが立つように、何度も確認しながら調整するなど、工夫や試行錯誤が見られます。

育ちの読み取り❹
意欲的に粘り強く取り組む

ウサギが立たなかったときに、諦めたりそのままにするのではなく、何度も補強を重ねています。

事例から見る 子どもの育ち
4歳児なりの見通しのもち方・工夫の仕方

レンの姿からは、4歳児後半の見通しのもち方がわかります。目についた材料をとにかく持ち出して、作りながらどんなウサギになるかが決まっていくのではなく、材料を見たり触ったりするなかで、「こんなウサギを作ろう」という見通しができていることがわかります。

また、ミホの姿からは、この時期の4歳児の工夫の仕方が見えてきます。ただテープで貼るだけでなく、耳のように飛び出したものはテープを輪にして、両面が付くようにするなどの工夫が見て取れます。また、うまく立たないウサギの足を、何度も確認しながら作る姿は、4歳児なりの試行錯誤をしている姿です。本当はバランスよく貼り直す必要がありますが、「しっかりテープで貼り付ければ立つだろう」という4歳児なりの感覚的な因果関係をもとに考えていることも、この時期ならではの試行錯誤の仕方だと言えます。

事例③ 2月

4歳児 5期
自己充実期

仲間に入るための手だてを考える
～超おいしくなる素、いる？～

「ぼくもバーベキューやりたい」

隣にバーベキューコーナーを作って遊ぶ

仲間に入れてよ

　保育室の中でバーベキューごっこが始まりました。ケンとユウタの2人は、ままごとキッチンの近くにテーブルを置いて、色画用紙や厚紙を切ってさまざまな食べ物に見立てて料理をすることを楽しんでいます。

　タイキは、その2人の周りをうろうろと歩いています。しばらく2人の様子を見た後、製作コーナーへ行き、なにかを作り始めました。厚紙を皿のように見立てた上に、小さなシールやカラフルな紙を刻んだ物を載せています。

　タイキは、それを両手で持つと、バーベキューごっこをしているケンの側に歩み寄り、「ねえねえ、超おいしくなる素、いる？」と尋ねました。どうやら、肉にかけるとおいしくなるスパイスを作って、それをきっかけに仲間入りを試みたようです。❶ ところが、ケンは「いらない」と断ってしまいました。タイキは諦めず、「ねえねえ、ぼくもバーベキューやりたいから仲間に入れてよ」と言いました。それに対し、ケンは「だめだよ、ここは2人なんだから、ね」とユウタに同意を求めました。ユウタも「そうだよ、2人でやるって決めたから」と言っています。❷ タイキはそれでも諦めずに「えー。どうしてもやりたい」と言いましたが受け入れてもらえませんでした。

先生と一緒に作ろう

タイキは保育者のもとへ行き、「あのさ、ケンくんたちに『バーベキューやりたい』って言ってんのに仲間に入れてくれない」と訴えました。❸ 様子を見ていた保育者は、「タイキくんもバーベキューやりたいの？　じゃあ、先生と一緒にこっちに作ろう」と、ケンたちのすぐ隣に、ウレタン積み木でテーブルと椅子を作りました。「よし、ここでタイキくんもバーベキューができるよ」とタイキに伝えると、さらに、誰に言うでもなく「こっちにタイキくんと先生のバーベキューもできたからねー」と言いました。

保育者は、タイキと一緒に、ケンたちが行っているバーベキューごっこに必要な道具や材料を探し、タイキのまねをしながら遊びの様子を見ていました。タイキは荷造り用のビニール紐を裂いて焼きそばを作っています。保育者も、「先生もバーベキューのときに、焼きそば食べるの大好き」と、一緒に焼きそばを作り始めました。その様子を見たユミカもタイキの仲間に入り、焼きそばを作り始めました。しばらくは隣り合った2つの場でそれぞれの遊びが進んでいましたが、ケンたちもタイキのまねをして焼きそばを作り始めると、ケンがタイキに「これを使った方がやけどしないよ」とトングを渡したり、タイキがケンに「この超おいしくなる素をお肉にかけると、超おいしくなるよ」と、スパイスを渡したりするなど、やりとりが行われるようになってきました。❹

15分もたつと、互いの場所を行き来しながら遊ぶようになり、場が広がってくると、さらに仲間が増えたり、テレビを置いて見られるようにしたりするなど、新しいアイデアも生まれてきました。

仲間が増えて、みんなでバーベキュー

育ちの読み取り ❸
楽しそうなことは自分もしたい

タイキは、仲間入りがしたいと言っていますが、本当にケンたちの仲間に入りたいのかはわかりません。同じ遊びをしたいだけかもしれません。

育ちの読み取り ❹
おもしろそうなことは広がっていく

すぐ近くでおもしろそうなことをしていると、その楽しい雰囲気は広がり、遊びの流れのなかでやりとりが生まれることもあります。

事例から見る子どもの育ち　複雑な仲間関係ができてくる

4歳児クラスもこの時期になると、「この子はこんな人」ということが互いにわかっています。そのなかで、一緒に遊んでいて波長の合う相手も決まってきます。反対に、「あの子はちょっと…」という相手も出てきます。これは仕方のないことです。それだけ子どもどうしの関わりがあったという証拠でもあります。そのような子どもの感じている思いそのものは否定することができません。

そのため、遊びの仲間入りの際にもこの事例のような

トラブルが起きます。どの子がどの子にどのような感情を抱いていて、どんなやりとりをしているのか、よく読み取ると、子どもどうしの関係性が見えてきます。なんとなくペースが合わないと感じる相手でも、楽しそうな遊びをしていると仲間入りやまねをしてみたくなったりもします。「入れて」「いいよ」だけが仲間入りの方法ではなく、楽しい雰囲気を保育者が子どもと一緒につくることがきっかけになることもあります。

友達と考えや思いを伝え合い調整しながら遊ぶ

この期の子どもの姿

身体的なバランス感覚が高まり、手先の操作性も高まると、さまざまなことに見通しがもてるようになり、友達とのやりとりも活発になってきます。一方で、これまでに築いてきた友達との関係は、相手のことがわかるからこそです。一緒にいたい相手や反対にペースの合わない相手が決まってきて、時に葛藤を生む場面もあります。

特性 1　自分なりに見通しをもち、試したり工夫したりする

さまざまな素材や道具との関わりを繰り返し体験してきたことで、手指の操作性も高まり、自分にどんなことができるのかわかってきます。

そのため、「こうしたらこうなるかな」という見通しも立つようになり、試行錯誤しながら遊びを工夫するなど、考える力の育ちが見られます。一方で、科学的な因果関係がすぐにわかるかというとそうでもなく、空き箱で作った動物を、かわいがれば機嫌がよくなると思い込む姿や、その動物がうまく立たないときに、バランスを見るというよりは、やみくもにテープで貼り続けて頑丈にするなど、自分なりの見通しをもとに考える姿も見られます。

特性 2　ルールがある楽しさを味わうが、あいまいさも楽しむ

クラスの友達と一緒にゲームをしたり、ルールを共有して遊んだりすることを繰り返し楽しむなかで、保育者と一緒に楽しんだ遊びを自分たちで進めようとする姿も見られるようになります。その際に、子どもたちだけでもわかりやすいルールがある遊びは、保育者がいなくても何度も繰り返すようになります。ルールがあることで、いつ、どのタイミングでも仲間入りがしやすいという特徴もあります。一方で、この時期の子どもたちは、あいまいな状況でも受け入れたり楽しんだりすることも特徴的です。仲のよい友達のチームに勝手に移動したり、いつの間にか鬼の人数が増えていたりするなど、あいまいさも楽しんでいます。

特性 3 仲間関係のなかで、葛藤したり調整したりする

互いに長い時間を過ごしてきたクラスの仲間どうし、一緒に遊びたい相手やちょっと気の合わない相手のことがよくわかってきます。仲間に入ってきたのがちょっと苦手な相手だったり、自分も仲間入りをしたいのになかなか受け入れてもらえなかったり、グループでひとつのことをしようと思っても勝手なことをしたりします。

そのような場面では子どもなりに葛藤が生まれます。子どもたちが相手に感じている感情そのものは否定できるものではありません。まずは、子どもの「困ったな」「嫌だな」という気持ちを、「わかるよ」と受けとめ、理解していきましょう。

特性 4 周囲の様子に気づいて 自分も同じようにしようとしたり 仲間に入ろうとしたりする

自分の目の前のことだけでなく、同じクラスの友達がしている遊びや、近くで行われているおもしろそうな遊びのことがよく見えるようになってきます。仲間入りしたくなったり、同じことを自分もやってみようとしたりするようになってきます。

一方で、楽しみ方が自分中心であったり、仲間入りをしたのに自分独自のやり方を押しつけようとすることも見られます。遊びはクラスの仲間のなかで広がっていきますが、楽しみ方は個々で異なることもこの時期の特徴と言えます。

**この期の
クラスづくりの
point**

保育者の援助と環境構成

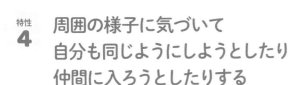

微妙な仲間関係を受けとめ、柔軟な対応をする

仲間関係が複雑になってきます。苦手な相手とはできるだけ関わりたくないと感じていることも事実ですが、どの子にもよいところがあります。

仲間入りの場面では、「入れて」と言われたら「いいよ」と言わなければならないのではなく、嫌なものは嫌だと言えるクラスをつくりたいものです。そのうえで、どうしたらよいか考える見本を保育者として体現していけるとよいですね。また、楽しそうな遊びには仲間入りしたくなります。無理に受け入れを促さずに、保育者が楽しそうに遊ぶことで、反対に仲間入りをさせてほしいと言ってくるような状況も生まれるかもしれません。

みんなで遊ぶことが楽しいと感じられる活動を提案

大勢の友達とルールのある遊びをすることも、楽しいと感じられるようになってきます。クラスの活動を考える際には、簡単なルールで、みんなが楽しいと感じられる遊びを取り入れましょう。

多くのゲームは誰か1人が勝ち残ったり、どちらかのチームが勝ったりするルールになっていますが、ルールをアレンジして、最後まで全員が楽しめるものにしてもよいでしょう。子どものあいまいさを保育者も一緒に楽しめるとよいですね。

5歳児 1期
不安と緊張期

園生活に積極的に携わる
〜小さい子の世話や手伝いをする〜

3歳児の妹に三輪車の乗り方を教える

「洗車だ！ 洗車だ！」

新入園の妹の世話をする

　進級式の翌日（保育初日）の朝、新しい保育室に登園してきて、そわそわしている様子のケンジ。❶

ケンジ「今日は、サオリちゃんも一緒に来たんだよ。泣いてないかなぁ」

保育者「心配なの？」

ケンジ「うん。『お兄ちゃんがいるから大丈夫だよ』って言ってたんだ。たんぽぽさん（3歳児クラス）を見てくるね」

　3歳児クラスの妹（サオリ）に会いに行ったケンジは、園庭で三輪車に乗ったり、木登りを教えたりして、妹と一緒に遊びました。「なにやりたい？　ブランコも三輪車もあるよ」「木は下りるときが危ないからね」などと、自分が知っていることをていねいに優しく教えていました。❷

鍵盤シールがないのに気づく

　それから3日たち、毎日面倒をみていた兄のケンジの献身もあって、サオリは比較

育ちの背景

　4歳児クラスのときのケンジは、外遊びに誘われても断って、部屋の中で過ごすことが多くありました。

自分からカラー帽子を被って外へ出ていく姿を、周囲の保育者は意外性をもって受けとめていました。

「ピアノにシールがないよ」

的早く園に慣れました。そのため、3歳児クラスに行く必要がなくなったケンジは、朝から部屋の中をうろうろしています。部屋に出ている紙で紙飛行機を作ったり、新しい自由画帳を開いて絵を描いたりして、やることを探している様子でした。❶

そんななか、何気なくピアノに触っていたケンジが、「先生、ピアノにシールがないよ」と保育者に訴えてきました。園では、音階を絵で表した絵譜を使っていて、音階ごとの絵シールがピアノの鍵盤に貼ってあります。子どもたちがそれを見ながら、自分でいろいろな曲が弾けるようになっているのですが、確かに、本来貼ってあるはずの鍵盤シールが、一部はがれてしまっていました。

保育者が、「本当だ。ケンちゃん貼ってくれる？」と鍵盤シールを渡すと、ケンジは、「"ファ"は"ふぁ"だよね」と、一つひとつ内容を確認しながら、はがれた所にシールを貼りました。❸ ドレミファソラシド全てのシールがそろった鍵盤を見たケンジは、満足そうな顔をして、ピアノを弾くことなく、ままごとコーナーへ去って行きました。

ネコバスの洗車

新年度3日目の朝、外で遊んでいたヨシオが、ネコバスを見て「なんか汚いんだよな〜」と言い出しました。❹ 園庭の一角に、老朽化のため廃車になったネコ型の園バス（通称ネコバス）が、遊び用に置いてあります。子どもたちは、普段、運転席や後部座席に乗ってごっこ遊びをするなど、自由な使い方で遊んでいます。いつもと変わらないように見えるネコバスですが、ヨシオは気になったようです。❹

「新しい小さい子もいるし、きれいにしたいな。おれ、きれい好きだから。雑巾使ってもいい？」ヨシオは部屋にある雑巾を持って行き、バケツにくんだ水をかけてバスを磨き始めました。❺ すると、近くで遊んでいた2人の友達も加わって、「洗車だ！洗車だ！」と、ネコバスの洗車が始まりました。

「これいくらだったの？」「なんでこれにしたんかね？」「もっとかっこいい赤い車とか買えばよかったのに」などと口々に言いながら、20〜30分かけて磨き終えると、ピカピカになったネコバスを見て、3人は満足そうに笑いました。

育ちの読み取り❶
新しい環境で緊張する
慣れた園とはいえ新しい部屋や保育者、友達のなかで、どうしたらよいか緊張している様子がうかがえます。

育ちの読み取り❷
知っていることを教える
これまでの経験を生かして、自分の知っている遊びや方法を教えています。

育ちの読み取り❸
文字が読める（部分的に使える）
個人差はありますが、文字への関心が高まる時期で、文字を使う意義や活用場面に敏感になってきます。

育ちの読み取り❹
生活のなかでの気づきからよりよくしようとする
自分で改善点に気づき、もっとよくするにはどうしたらよいか考え、行動しています。

育ちの読み取り❺
生活習慣や経験を生かす
雑巾・バケツ・水道などの道具の場所や使い方がわかっていて、それらを活用しています。

事例から見る 子どもの育ち

緊張しながらも、経験を生かして自分のペースをつかんでいく

そわそわ、うろうろ…。慣れた園で、慣れた友達と積極的に遊ぶ姿がある一方で、新しい環境（部屋・保育者・クラスメイトなど）に緊張や不安を見せるのがこの時期の特徴の1つです。3歳児・4歳児クラスの頃より、周囲の状況がわかっていて、自分なりの"5歳児らしさ"をもっている分、今までの慣れた環境との"違い"に敏感になるのかもしれません。

そのなかでも、園でいろいろな経験をしてきた5歳児は、その経験を生かして自分のペースを徐々につかんでいきます。特に、毎日の園生活に関わる掃除や当番などは、よく知っているので力を発揮しやすく、年下の子に教えることにも意欲的です。"教える"ことで、自分の力（＝大きくなった自分）を実感できるという要素もあるからでしょう。

文字へのなじみ度合いは個人差が大きいものの、以後ますます関心が高まっていきます。

5歳児 1期
不安と緊張期

気の合う友達と意欲的に遊ぶ
〜憧れのファッションショーがやりたい〜

気の合う仲間とドレス＆アクセサリー作り

「お客さんの席がいるね」

前の年長さんがやってたやつがやりたい

進級から1週間がたったある日。それは、ユイが言ったひと言から始まりました。

ユイ「前の年長さんがやってたやつがやりたい」❶

保育者「『やってたやつ』って？」

ユイ「ほら、あの、服を作って着るやつ」

保育者「服？　あぁ！　スカートとか、おしゃれなドレスとかを作りたいってこと？」

ユイ「そうそう！」

どうやら、前年の5歳児がハロウィンの時期に、プリンセスや魔女の仮装を楽しんでいたのを思い出して、『前の年長さんがやってたやつ』と言っているようです。さっそく、当時の5歳児が使っていた大きなカラーポリ袋を出すと、すぐにハサミやセロハンテープを駆使して作りだしました。

気の合う仲間と一緒に

「頭が出ないなぁ」「今度は手が出ない」と、切っては着てみてを繰り返していると、

これまでの経緯

前年の5歳児は、ハロウィンの時期に一部の子がプリンセスや魔女の仮装作りを始め、それをきっかけに学年全体でのおばけ屋敷作りに発展しました。ユイたちも、そのおばけ屋敷に何度も遊びに行った経験があります。

「今度は手が出ない」

近くにいた子どもが寄ってきて「わたしもやる！」と一緒に作り始めました。「ここ押さえてて」と協力したり、「これ丸めたら指輪になるよ」「ほんとだー！」と教え合ったりしながら、気の合う仲間どうしでどんどん作り進めていきます。❷❸ ドレス本体はもちろん、髪飾りや指輪などのアクセサリー作りにも気を配って、おしゃれに着飾ることに余念がありません。

ファッションショーをしよう！

　素敵にドレスアップした後は、着飾った自分を「見せたい」と思うのが人情。4歳児のときにアイドルごっこをした経験から、カエデが「みんなの前で踊って見せよう！」と言うと、マイが「なんかファッションショーみたいだね」と応じて、7人が盛り上がっていきました。❷❸ おもしろそうだと思った保育者も、"東京ガールズコレクション"（若い世代向けのファッションイベント）の動画を一緒に見て、盛り上げに一役買います。"ファッションショー"の響きが気に入った7人は、「ステージでやろう！」「お客さんの席がいるね」「先生、曲かけて」と、舞台設営にも意欲的です。

　午前10時頃のユイのひと言から始まったドレス作りが、お昼前には一気に楽しい"ファッションショー"になりました。❹ ステージに立った7人は、それぞれのオシャレポイントをアピールした後、少し照れながらも自分のオリジナルポーズを決めて大満足。「またやりたい！」と言って、この日のファッションショーは幕を閉じました。

　翌日、ファッションショーメンバーの1人だったユキが、子ども向けのメイク道具を家から持参してきました。小さな鏡と、リップやアイシャドーが入っています。子ども向けファッションショーを見たことのあるユキは、さらにイメージが膨らんで、よりおもしろいファッションショーがやりたいと思ったようです。

　衛生面に配慮して、リップは直接塗らずに「綿棒を使ってね」と友達に教えたり、「今日は、お客さんをたくさん呼ぼう！」と招待状を作ったりするなど、遊びのアイデアをつぎつぎと出し合って、2日目のファッションショーを存分に楽しみました。❹

育ちの読み取り❶

5歳児クラスになったことへの期待

「5歳児クラスになったら○○をやりたい」をはじめ、最年長クラスになった喜びと期待は、いたる所に表れます。

育ちの読み取り❷

これまでの経験を生かす

遊びをおもしろくする道具やそれを使う技術、経験して楽しかった遊びなど、自ら遊びだす要素をたくさんもっています。

育ちの読み取り❸

一緒に遊ぶ気の合う仲間がいる

長い期間、園生活を一緒に過ごしてきたなかで、気の合う仲間と協力して遊ぶ関係性ができています。

育ちの読み取り❹

進級の喜びが遊びへの意欲を後押しする

進級の喜びがやりたいことを生み、実現していくなかで、遊びへの意欲が増していきます。

事例から見る子どもの育ち

5歳児クラスになった喜びにあふれ、意欲的に遊ぶ

　園のなかで最年長である5歳児は、子どもにとっても特別な存在です。これまで憧れていた5歳児クラスに、いよいよ自分がなった喜びは格別なものでしょう。半年も前から「やりたい」と心に抱き続けてきたこと（ドレス作り）が、"自分の番"になってできる喜びに加えて、それを一緒に楽しめる気心知れた仲間がいたら、こんなにおもしろいことはありません。衣装作りやファッションショーのステージはもちろん、舞台設営等の準備も含めて、意欲的になるのもうなずけます。

　また、その"喜び"を自ら実現できる経験（4歳児クラスまでに体験したさまざまな遊びやそのなかで培った技術など）があるのも5歳児の特徴です。同様の仲間と一緒に意欲的に遊ぶなかで、つぎつぎとおもしろいアイデアが生まれ、遊びの幅を広げていくのです。

5歳児 1 期
不安と緊張期

自分の考えを出し合って共同作業
～みんなでこいのぼりを作ろう～

「ウロコだ！」「ヒゲもある！」

切りにくいカラーポリ袋も器用にカット

こんなこいのぼりが作りたい

　ホールに置かれた本物のこいのぼりをくぐって遊んでいた5歳児が、保育室に掲示された、過去の5歳児が作ったこいのぼりの写真を見て言いました。
「先生、これ誰が作ったの？」「こんなこいのぼり、わたしたちも作りたいな」
　その後、クラスでこの話題を相談して、「5歳児クラスで大きなこいのぼりを作ること」「1：頑丈で強そうなこいのぼり　2：空飛ぶこいのぼり の2つに分かれて好きな方を選んで作ること」が決まりました。

なにで作る？　どうやって作る？

　翌日、空飛ぶこいのぼりグループ（11人）が、保育者と一緒に話し合いをしました。
保育者「空を飛べるこいのぼりは、どんな物で作るの？」「軽い物と言えば？」
マキオ「紙！」
エリ「袋…。前に使ったビニールの袋」
ナミエ「紙と毛糸」❶

育ちの背景

　5歳児は全員で23人の1クラス。3歳児の頃から、いろいろな話題をクラスで話し合う経験をしているため、話し合うことに慣れています。5歳児になると話し合って決めようとする姿が顕著になってきます。

育ちの読み取り❶
**個々の目的や
イメージがある**

　"空飛ぶこいのぼり"というテーマに対して、各自に目的やイメージがあり、その考えを言葉にしています。

それぞれの発言を、保育者がホワイトボードに書いて整理・共有しながら、話し合いが進みます。❷

しばらくすると、子どもたちの発言が少なくなってきました。ミキが素材棚を指さして「あそこにあるよ」と言ったので、このタイミングで、保育者が実際に素材を見てみることを提案すると、全員が素材棚に駆け寄りました。「これ使えるね」「こんなのもあるよ」と口々に言いながら、棚にあった不織布やスズランテープを出したり、広げたりしています。ナミエ・ミキ・サユリの３人は網状のポリエステルシートを被って遊んでいます。その脇で発泡スチロールの板を飛ばしてみるヨシオ。

しばらくして、最初の話し合いで出たビニール袋（カラーポリ袋）を並べてみると、「これに目を描けばいいんじゃない？」「それだけじゃダメだよ！」「後はなに？」「うーん…」と発言が途切れたので、廊下に飾ってある実物のこいのぼりを見に行きました。「ウロコだ」「ヒゲもある！」「ヒレも付いてる」「目、いろんな色だよ」などと気づいたことをうれしそうに言葉にし、最後に保育者が「ウロコとヒゲとヒレと目だね」と確認して、作りたいこいのぼりの内容が決まりました。❷❸

作りながら遊ぶ

並べたカラーポリ袋を前にして、保育者が「本物みたいに、中を通れるようにしたい？」と聞くと、子どもたちは「当然！」と言うように、ハサミで切り始めました。柔らかくて切りにくいビニールを器用に切っていきます。❹　ひと通り切った袋をセロハンテープでつなげると、サユリが「パトロールする！」と言って、つなげたポリ袋の中を潜りだしました。周囲の子も後に続いて、みんなで遊びながら穴が通ったことを確認しました。

翌日は目玉作り。ガムテープやお椀など、丸い物を型に使って、丸を描きました。きれいな丸が描けるのがおもしろくて、たくさんの子が何枚も描いたので、目玉がたくさんできました。❹　その後もウロコやヒレを作って貼り付け、約１週間かけて"空飛ぶこいのぼり"が完成。ポールに揚がるこいのぼりを見上げる子どもたちの顔は誇らしげでした。

育ちの読み取り❷
保育者の助けで、イメージを共有する
個々のイメージはあるものの、考えを擦り合わせるには保育者の助けが必要な時期です。

育ちの読み取り❸
直接体験でイメージが明確になる
実物を直接見たり触ったりしながら、思考を巡らせて、イメージを明確にしています。

育ちの読み取り❹
イメージを形にする技術はあるが、欲求が優先される
過去の経験により、イメージを具現化する技術が身についています。しかし、作るのがおもしろくなると、当初の目的よりも「もっと作りたい」という欲求が優先されています。

2章

3歳児

4歳児

5歳児

1期

事例から見る子どもの育ち　自分の考えを表現しながら、保育者の助けで共有・協同する

これまでの経験から、見通しや技術があるこの時期の５歳児は、課題に対して、自分なりの考え（イメージ）をもって、言葉や描画などで表現することができます。ただ、相手の意見を聞き入れて、調整するのは難しい時期でもあります。参加する人数が多くなるほど、共同作業には保育者の整理や方向づけが必要になります。この事例でも、"空飛ぶこいのぼり"というテーマに、それぞれが自分の考えを言い、考えたことをすぐに実行に移す姿がありました。

また、イメージがあやふやな部分も多く、実際の物に触れ、五感で思考をめぐらせながら確認していくのも５歳児前半の特徴です。事例のように、実物が近くにあるとイメージが膨らみます。

４歳児から５歳児になったばかりの時期ですので、目玉を必要以上に作ったように、自分の欲求が優先されることもしばしばです。楽しい雰囲気を、保育者が子どもと一緒につくることが、活動を広げるきっかけになることもあります。

多少の緊張がありながらも、生活や遊びに意欲的になる

この期の子どもの姿

これまでの園生活経験（生活・遊び・友達）によって見通しが立ち、5歳児クラスへの進級の喜びが加わって、生活にも遊びにも意欲的な時期です。ただ、これまでの基盤がある分、前年までとの違いに敏感に反応して、緊張や不安を表す子もいます。また、4歳児のように自己主張が強く、集団活動には保育者の助けが必要な時期でもあります。

特性1 進級を喜び積極的になる一方、新しい環境に緊張し、不安になる

所在なげに近くの遊びを渡り歩く、妙に保育者の近くから離れずアピールする、逆に保育者と一定の距離をとって様子を見る…など、新しい環境への緊張や不安はさまざまな姿で表れます。

慣れた園とはいっても、保育者・保育室・クラスメイトなどが変わり、微妙に異なる周囲の雰囲気を敏感に察知できるのも、これまでの経験がある5歳児の成長の証しとも言えるでしょう。

特性2 生活習慣が身につき、自然体で行動する

朝の身支度、帰るまでのおおよその流れ、恒例の行事など、園の生活を十分経験している5歳児は、多少の緊張はあるものの、基本的には見通しをもって安心して過ごしています。リラックスした雰囲気は5歳児の園生活のいたる所で見られます。

衣服の着脱や食事での所作など、ほとんどの子は基本的な生活行動を自分で行うことができ、ある程度習慣づいているので、保育者の援助なしに自然体で過ごすことができます。

特性3 園生活の見通しが立ち、当番活動や年下の子の手伝いなどに意欲的に取り組む

これまでの経験から園生活の見通しが立ち、進級の喜びと期待にあふれた5歳児は、"年長"としての存在感を示すことに意欲的です。当番活動や年下の子の世話は、5歳児クラスになったことを実感するのにうってつけの活動です。「年長さんの力が借りたい」と聞けば、多くの子が駆け寄って積極的に手伝うことでしょう。存在感を示すための取り組みですが、相手のためというより、自分のための世話や手伝いなのかもしれません。

特性 4 気の合った友達と、経験した遊びを自分たちで進めていく

いつもの仲間といつもの遊びをすることほど、安心できて楽しいことはありません。虫探しや砂場遊びなど、気の合う友達と4歳児クラスのときからやっていた遊びを楽しむ姿がそこかしこで見られます。

経験してきた遊びなので、保育者が手を貸さなくても、自分たちでどんどん遊びを進めて盛り上がっていきます。時にトラブルになることもありますが、多くは気の合う友達どうしで解決することでしょう。

特性 5 遊びが活発になり、遊びの幅を広げていく

期待に胸膨らむ5歳児は、新しいことへのチャレンジにも積極的です。図鑑を開いて知らなかった生き物を調べたり、詳しそうな人に聞きに行ったり、新しい物を作ったりして、遊びの幅を広げていきます。5歳児クラスになると使えるようになる道具や、初めての素材、5歳児だけがする活動などへの関心も高く、これまでの経験を生かしながら意欲的に取り組むので、ますます遊びが活発になっていきます。

この期の
クラスづくりの
point

保育者の援助と環境構成

十分な自由遊びの時間を確保し、個々の様子を見極める

慌ただしく過ごしがちなこの時期ですが、緊張と不安を内に抱える5歳児が徐々に自分のペースをつかんでいくには、自由遊びの時間がたっぷり必要です。自由遊びのなかで、緊張や不安をどう表しているか、安心して遊んでいるか、期待や喜びをもってどんな取り組みをしているかなど、一人ひとりの内面を見極めることが大切です。当番や年下の子の世話など、5歳児クラスの役割が感じられる"仕事"をする場面は、自由時間のなかでもたくさんあるので、保育者が意識してピックアップしていくと、意欲がさらに増すことでしょう。

イメージを全体で共有できるように保育者が整理して話す

この時期は、4歳児のように、まだまだ自己主張が強く、自己の欲求が優先される時期でもあります。集団活動では、自分の考えを言葉にして表現する力が十分にありますが、人の意見を聞き入れるのは難しいようです。

保育者は、個々の話を十分に聞いたうえで、ホワイトボードに書き示したりして、全体で共有できるように整理して方向づけるとよいでしょう。適度に介入しないと、収拾がつかず、5歳児のせっかくの意欲が萎えてしまうこともあります。また、この時期の5歳児は、言葉が先行し、具体的なイメージが不明瞭で説明するのが難しいことも多いので、具体物でイメージを共有するのが適しています。

109

5歳児 2期
自己発揮期

友達と相談して決める
〜年下の子にイチゴを配ろう〜

待ちに待ったイチゴの収穫

「あげてないのは誰かな？」

みんなで育てたイチゴが実った！

　5月、新芽が鮮やかな若葉色に輝き始めた頃。園のプランターのイチゴの葉っぱが大きくなり、真っ赤に色づいたイチゴの実が顔をのぞかせています。これまで育ててきた5歳児たちは、いつ収穫しようかと、毎日のぞき込んでは楽しみに待っています。

リコ「ねえ、こんなに赤くなったから、もう採ってもいいんじゃない？」

レン「本当だ。もういいね。でも、こっちはまだだね。白いもん」

ハルコ「あ！　アリンコが食べてる」

ユキ「アリに食べられないうちに、早く採らなきゃ」

　口々に言いながらイチゴを収穫していると、3歳児クラスの子が「食べてみたい」とつぶやきました。その声を聞いて、リコが「後であげるね。洗ってからね。小さくして、みんなで配るから待ってて」と声をかけました。❶

　5歳児クラスの子どもたちは、自分たちが3歳児だったころ、5歳児にイチゴを分けてもらった経験があります。自分たちが分けてあげる番になり、みんなで台所に集まり、収穫したイチゴを洗って、うれしそうに準備を始めました。❷

これまでの経緯

　5歳児になってからみんな率先して新入園児の世話をしていたのですが、泣かれたり拒否されたりと、思うように関われず落ち込むこともありました。ようやく3歳児と関われるようになってきた5月、イチゴの収穫がよい機会となり、張り切って取り組んでいました。

育ちの読み取り❶
園の最年長になったという喜び

　5歳児クラスになったという自覚をもち、年下の子の面倒をみることに意欲的で、誇りと喜びを実感しながら取り組んでいます。

イチゴを分けよう

イチゴを洗った後、まな板とナイフを用意してもらってイチゴを切り始めました。

「もうちょっと切って、半分の半分くらいにして」「手は、ねこの手だよね！」「切るのって楽しい」などと話しながら、イチゴを切っていきます。その様子を見て、「切ってみたい」という子が出てくると、交代しながらイチゴを切ることを楽しんでいます。**❸** 切ったイチゴをお皿に置くと、リコが、「こっちの方が多いね！ 年少さんの方が人数多いでしょう、だからこっちが年少さんね！ そしてこっちが年中さん！」と、イチゴが多く載ったお皿を指して言いました。

保育者「あら！ 年長さんのはないの？」

ハルコ「年長さんは大丈夫！ 余ったのを配るから」**❶**

保育者「え！ 年長さんは余ったらでいいの？」

ミユ「だって、小さいクラスのときに食べたからいいよね」

ミク「それに年少さん、食べたことないもんね」**❹**

保育者「年長さんってすごいわね。小さい組のことを考えてあげられるんだ」

リコ「じゃあさ、分かれよう、こっちの人は年中さんに配って、こっちの人は年少さんに配ろう」そう言って、イチゴを配るクラスを決めると、配りに行きました。

みんなに配れたかな？

イチゴを配りに行った5歳児が、全園児の名前が書いてある職員室の誕生表を見ています。保育者が、なにを見ているのか尋ねると、「誰にあげてないか、名前を見てるの」「もらってない人、悲しいから」と、イチゴをもらっていない子の名前を確認していました。配っているときに、4歳児クラスの数人が散歩に行っていて、その子たちには配れなかったのです。確認しているうちに、4歳児が散歩から戻ってきました。5歳児たちは、まだ配っていない子を目がけて走って行き、イチゴを配っていました。配り終えたときの表情には、満足そうな笑顔があふれていました。**❶❷**

「半分の半分ね」

育ちの読み取り❷

経験の積み重ねの再現

今まで、自分がしてもらった経験を年下の子にもしてあげたいという思いをもって関わる姿が見られます。

育ちの読み取り❸

友達からの刺激を受けてやってみる

友達の行動に関心をもち、刺激を受けて、自分もやってみようと意欲的に取り組みます。

育ちの読み取り❹

友達の考えに気づく

友達の言葉に耳を傾け、自分では気づかなかったことに気づき、納得して一緒に行おうとします。

事例から見る子どもの育ち **自己発揮しながらさまざまなことに意欲的に取り組む**

子どもの成長は連続しており、今までの経験の積み重ねのうえに、5歳児の姿として遊びや生活のなかに成長が表れてきます。イチゴ配りもその1つ。過去に自分たちがしてもらったように、年下の子にもしてあげたいという思いと、5歳児クラスになってそれが実現できるという喜びと自信とがみなぎり、とても意欲的に取り組んでいます。そして、その喜びと自信からか、仲間をリードしたり見通しをもって言葉をかけたりと、的確ですばやい対応ができるリーダー的な存在の子どもも出てきます。そんな友達の姿に敏感に反応し、憧れて自分も同じようにやってみようと、自分の目当てや目的をもってさまざまなことにより意欲的・積極的に取り組む姿が見られます。こうした経験を積み重ねていくなかで、自分らしさを発揮して、友達と一緒に活動する楽しさや心地よさを感じ、協調・協同する喜びを感じ取っていきます。

5歳児 2 期
自己発揮期

知っている知識を伝える
～トカゲのしっぽは外しただけ～

「トカゲのしっぽだよ！」

「スゲー！ 体がないのに、こんなに動いてる」

外れたしっぽは生きている？

　ある日の朝。アキオは、園の門のそばでトカゲを見つけました。保護者と一緒に、そのトカゲを捕まえようと夢中になっていたら、しっぽが切れて体だけ逃げてしまったそうです。みんなに見せようと、アキオが切れたしっぽを持って登園したので、みんなはびっくりして大騒ぎです。トカゲのしっぽは、おもしろいほどクネクネと動いています。

アキオ「大きいトカゲがいて、捕まえようとしたら、しっぽを切って逃げていった」

ユイ「トカゲは死んじゃったのかな？」

アキオ「違うよ。生きてる。逃げたトカゲのお尻からしっぽが生えてくる」❶

マイ「じゃあ、このしっぽから体は生えてこないの？」

アキオ「うん」

ユウタ「スゲー！ 体がないのに、こんなに動いてる」❷

保育者「このしっぽは死なないの？ ずっと動いているの？」

アキオ「いや、ずっとじゃない。いつかは動かなくなる。それでいつかは死ぬ。逃げるために、しっぽを外しただけ！」❶

保育者「逃げるためにしっぽを外したの？」

育ちの背景

　3歳児クラスの頃からクラスで虫や花に親しんで、興味をもった虫や幼虫などを育てる経験を重ねてきました。5歳児クラスになって、より興味・関心の幅が広がり、調べたり考えたりする探求心が芽生えてきています。

これまでの経緯

　このクラスには、特に生き物に興味・関心があり、知識もある子が数人います。虫を捕まえたり珍しい生き物や植物を採ってきたりしては、みんなに教えてくれるので、「虫博士」と呼ばれています。

アキオ「そう。捕まえられちゃうからね」

ユウ「痛そう！」

アキオ「トカゲってね、しっぽを外しても痛くないんだよ※。さっき逃げたトカゲのお尻から、またしっぽが生えてくるんだよ！」

ユウ「トカゲってね。鳥に食われるときは、しっぽ外すんだよ！」

アキオ「だんだんしっぽが動かなくなってきた」

保育者「トカゲのしっぽは、体がないと生きられないんだね」

サラ「不思議だねー！」❷

興味がクラスに広がる

　朝の会の時間になりました。担任の保育者が、トカゲの話をアキオから説明してもらいながらみんなに伝えました。すると「知ってるよ。トカゲはしっぽを切って自分を守るんだよ」❶「しっぽが切れて血は出ないの？」「今日のしっぽは、血がついてないよ」などと、それぞれが自分の知っている知識を話したり、質問したり質問に答えたりして、トカゲの不思議な生態に対する興味がどんどんわいてきました。❶❷

トカゲを飼おう！

　数日後。暖かな日が続き、園の周りにトカゲが出没しました。みんなトカゲを捕まえるのに夢中です。捕まえると、誰かが「飼おう！」と提案して、相談が始まりました。保育者が、どうやって飼うのか問いかけますが、飼育方法を知っている子はいませんでした。子どもたちは過去にトカゲを飼った経験がありません。

　そこで、みんなで調べることになりました。餌はなにを食べるか、家はどうするかなど、トカゲの生態や育て方を家で調べてきたり、みんなで図鑑やインターネットで調べたりと、興味・関心が広がり探究心も芽生え、知識も増えました。❸❹　そして、「トカゲは生き物だから大切に育てる」と約束して、クラスで飼うことになりました。

※しっぽを外すとき、トカゲは痛みを感じるという説もあります。

育ちの読み取り❶

自分の知っている知識を伝える

実際に体験したことや知識として理解していることをみんなに伝えるのがうれしく、誇らしく感じています。

育ちの読み取り❷

興味・関心の広がり

今まで自分の知らなかったことを教えてもらったり、実際に目にしたりすることで、生き物に対してより一層興味・関心が広がってきています。

育ちの読み取り❸

知的好奇心の高まり

なんだろうと疑問がわいてきて、確かめたり調べたりして、その疑問を解決するために探究していきます。

育ちの読み取り❹

わかることが楽しい

今まで気づかなかったことや知らなかったことに興味を示し、理解することの楽しさや喜びを感じ取っています。

事例から見る子どもの育ち　生き物への興味・関心の広がりから知的好奇心へ

　さまざまな自然物や生き物との出会いを通して、クラスの飼育物・育てている野菜などの成長や変化に興味・関心を示し、「なんでだろう」「不思議だな」と疑問に思ったことを図鑑で調べたり確かめたりする姿が見られます。調べるなかで、気づいたり発見したりしたことに、驚きや喜びを感じます。1人の気づきをクラス全体に共有することで、ますます興味・関心の幅が広がり知識も増えていきます。

　また、調べたことを実践しながら試していく過程で、失敗してみてわかったこと・世話をしてみてわかったこと・「なるほど」と納得したことなどが増えていくことでしょう。こうした経験は、知識だけでなく実体験した学びとして深く刻まれます。動植物への接し方を考えたり命の大切さを感じたりしながら、育てることへの責任の自覚にもつながります。そして、さらに自然物や生き物に対して探究心や知的好奇心をもって関わり、知ること・わかることの楽しさや喜びを感じ取っていくことでしょう。

5歳児 2期
自己発揮期

みんなで遊びを発展させる
～『おばけずかん』からごっこ遊びへ～

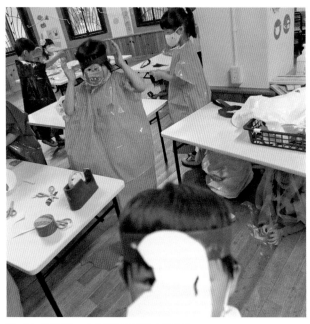

思い思いにこだわったおばけの衣装やお面作り

テーブルの下に隠れるおばけ

大きなクモ作りからおばけ作りへ

　自由遊びの時間、『おばけずかん』が置いてあることに気づいた子どもたち。すぐに興味を示して、食い入るように見ていました。図鑑に載っている大きなクモを見つけると「このクモ作ろう」と近くにいた数人で話し合いながら新聞紙を丸めて、考えたり工夫したりして作り始めました。❶　その日の午後、とても大きくて図鑑そっくりなクモが完成しました。大喜びで得意になって、クモを持って園中に見せて回っています。周りの子は興味津々でその様子を見ています。その後「次は自分たちがおばけになろうぜ！」と話しながら盛り上がっていました。

　帰りの会で、作ったクモを見せ、今度は自分たちがおばけになることをみんなに伝えると、「わたしもやりたい！」と希望する子が出てきました。「いいよ！　明日作ろう」とクモを作った仲間も快く受け入れて、おばけ作りを楽しみに帰っていきました。

　次の日、登園するとすぐにおばけのお面や衣装作りが始まりました。「どう、怖い？」「もっと怖くしよう！」などと会話をしていると「おばけ屋敷みたい」と声が上がり、がぜん張り切って作り始めました。各々が思い思いに、壁の装飾や怖いおばけにこだわって作っていたので、丸2日間かかって完成しました。❷

育ちの背景

この時期には、気の合う友達を誘って積極的に遊ぶ姿が多く見られるようになっています。しかし、お互いの主張が強くてトラブルになったり、遊びが中断してしまうことも度々あり、なかなか折り合えない姿も見られます。

これまでの経緯

最近、友達と一緒に妖怪の絵本を見て楽しんでいます。その姿を見た保育者は、遊びが広がるようにと、『おばけずかん』を置いておきました。

おばけ屋敷ごっこをしたいけど…

　いざ、おばけ屋敷を始めようとすると、「隠れる場所をどうする？」「チケット配りたい！」「小さい子呼んでこよう！」と、意欲的に意見を出します。しかし、思いついたらすぐに行動してしまうので、困りごとが続出しました。③　おばけ役の隠れ場所が決まっていないうちに、チケットが配布されて、年下のお客さんが数人来てしまいました。おばけ役は大慌てです。このようにアクシデントが起こるなか、おもしろいアイデアがたくさん出るのですが、なかなかまとまりません。そこで保育者が声をかけました。

保育者「困ったわね、どうしたらおばけ屋敷できるかな？」
ヒロシ「テーブルで、迷路みたく道を作ろうよ」
ナオト「わかった、じゃあさ、おばけはテーブルの下に隠れれば？」
ユイ「その後に小さい子たち呼んでくればいいね」

　保育者が投げかけて、子どもたちの話の内容をわかりやすく整理すると、どんなことが必要かがわかって、役割り分担をしながら取り組んでいました。

おばけ屋敷ごっこの始まり

　いよいよ、小さい子たちがチケットを持って集まってきました。その様子を見て、今まであまり関心を示さなかった子も、来た人を並べる人・チケットを受け取る人・案内する人・おばけになる人などなど、状況に応じて自分のできそうな役割を見つけて参加します。

お客さんが来た！

途中で、おばけが怖くて泣く子がいたり、おばけにぶつかるなどのアクシデントもありましたが、それを子どもたちでどうにか対応しながらやり終えました。自分たちのやりたいことに意欲的に取り組み、やり終えた満足感と喜びとでとてもうれしそうでした。④

育ちの読み取り①
共通のイメージをもって遊ぶ
気の合う仲間と、共通のイメージをもって会話をしたり、役割の分担をしたりして遊んでいます。

育ちの読み取り②
工夫を凝らしながら夢中になって集中して遊ぶ
好きな遊びに夢中になり、試したり工夫したりしながら、集中して長い時間取り組み、自分の思いを確かなものにしようとします。

育ちの読み取り③
自分の考えを積極的に話す
自分の考えやひらめいたことは積極的に伝えますが、まだ相手と折り合いをつけたり、まとめたりすることは難しいです。

育ちの読み取り④
満足感を味わう
友達と目的に向かって自分の考えやアイデアを出し合って取り組み、やり終えた満足感や達成感を味わっています。

事例から見る子どもの育ち
友達と遊びをおもしろくしようと、工夫して意欲的に取り組む

　この事例では、子どもたちは遊びにとても意欲的です。一人ひとりの考えや発想はとてもおもしろく、夢中になって取り組んでいます。また、友達の姿に刺激を受けて、イメージをさらに広げて、もっとおもしろくしようと考え工夫する姿も見られます。

　一方で、没頭しすぎて先に進められないこともあります。話し合いの場では、自分の考えたことは積極的に発言するものの人の話はあまり聞かず、折り合いをつけたりまとめたりすることがなかなかできません。

　この姿は、この時期の特性でもあります。保育者は話の内容を整理し、先の見通しがもてるような言葉かけをするなどの援助が必要です。話し合いの内容が整理されると、子どもたちは内容を理解し、役割分担の必要性にも気づくことでしょう。やることが明確になると、さらに意欲的で積極的に取り組む姿が見られます。失敗しながらも乗り越えていく経験を積み重ねることが重要です。こうした経験が今後に生かされていくことでしょう。

さまざまなことに興味を示し、積極的に取り組む

園生活の流れを把握して、安定して生活を送り、自分なりの見通しをもって積極的に行動します。また、友達の遊びに関心をもち、刺激を受けて自分もやってみようと意欲的に取り組んだり、好きな遊びに夢中になったりして、遊びをよりおもしろくしようと試したり工夫したりします。しかし、思いどおりにならず、戸惑ったり諦めたりと落ち込む姿も見られます。

特性 1 好きな遊びに夢中になり試行錯誤しながら、イメージを広げていく

　製作活動などでは、作りたい物をイメージして、必要な物をさまざまな材料の中から自分で選び出します。試行錯誤しているうちに、偶然形になった物がヒントになったり、友達の作っている物に刺激を受けて、新しいアイデアが浮かんだりして、自分のイメージを広げて形にしていくことがおもしろくなってきます。このように、試したり工夫したりしながら、長時間集中して好きな遊びに取り組んでいきます。

特性 2 目的に向かって意欲的になる

　自分の当番の日とわかって登園し、すぐに野菜に水をあげたり、カメに餌をあげたりと、保育者に言われなくても自分たちで行うようになってきています。また、「今日は縄跳びを○回跳ぼう」など目的をもって登園したり、遊びに必要な材料を家から持ってきたりするなど自分なりの見通しをもって遊ぶ姿もあります。今までの経験を土台に、もっと遊びをおもしろくしようと意欲的に取り組むようになっています。

特性 3 自分勝手に遊びを進める子どもがいてトラブルになることもある

　友達と一緒に遊びを進めていくなかで、中心になって遊びをリードする子が出てきます。リードしてもらうことで遊びがスムーズに運んで楽しさが増していくのですが、常に自分の思いどおりにしないと気が済まない子もいて、それに対し「いつもBくんばっかり言うとおりにしてずるいよ」と仲間のなかで自分の思いを伝えたり不満も言ったりして、自己発揮するようになってきました。また、この時期は、ささいなトラブルも多くなります。お互いに相手の主張を聞き入れられず、折り合うことができにくい姿も見られます。

特性 4 意欲が高まる一方で、力がおよばず、途中で諦めてしまうこともある

鉄棒や縄跳びなど、友達の能力に興味を示し、友達の動きに敏感に反応したり刺激を受けたりして、自分もまねして何度も繰り返し挑戦してみますが、思うようにならず複雑な思いをします。また、なんにでも意欲を示し「やってみる」「できる」と取り組んでみるものの、イメージや思いが先行し、実際にやってみるとできないことも多く、途中でやめたり諦めたりする姿も見られます。

特性 5 動植物への興味・関心が高まる

咲き始めた草花に関心をもち、きれいな花を摘んで花束を作ったり、ままごと遊びに取り入れたり、園庭に出て来た虫やトカゲを捕まえて飼育したりするなど、動植物への興味・関心が高まります。草花の名前や生き物の育て方を図鑑で調べて確かめたり、好奇心をもって不思議に思ったことを調べて生き物の生態を知ったりと、知識を吸収することが楽しくなり、さらに興味・関心が高まっていきます。

この期の
クラスづくりの
point

保育者の援助と環境構成

自ら取り組み挑戦できる環境を考える

この時期の子どもたちは、なににでも意欲を示し、自分なりの目的意識をもって、積極的に遊びに取り組む姿が見られます。保育者は、子どもたちの興味・関心がどこにあるのかを把握し、子どものやってみたい・挑戦したいという思いを受けとめ、その思いが満たされ実現できるよう、援助を考える必要があります。遊び込める時間配分や場所を考え、遊びに必要な物や材料を選べるように用意し、挑戦している姿を応援して、子どもが能動性を発揮して自ら遊びを展開していけるように、環境を整えていきましょう。

各々の思いを出し合って話し合う対話的な保育を重ねる

さまざまなことに積極的な姿が見られる一方、友達との関わりのなかでトラブルになり、自分の気持ちをうまく伝えられずに泣いたりすねたりする姿も見られる時期です。

保育者は、子どもの心に寄り添って、じっくり話を聞き、受容しながら関わりましょう。クラスで話し合った方が効果的と思われる事柄については、みんなで共有し、自分の考えを伝えて話し合うなど、日頃から対話をする経験を重ねていきたいものです。また、遊びや活動のなかでも、ルールを考えたりチームを決めたりするなど、目的に向かって話し合い、自分たちで考え決定して取り組むといった経験を重ね、主体性が育まれるように配慮していきましょう。

5歳児 3期
自己主張期

自分たちで問題を解決しようとする
～アンカーをやりたい～

「じゃんけんで決めよう」

さあ、アンカーの出番

チーム分けが決まらない

　園庭では、今日も5歳児がリレーをしようと張り切って集まっています。できるだけ子どもたちだけでリレーができないかと、保育者はしばらく様子を見守ることにしました。リレーを行うには、同じ人数のチーム分けや、走る順番を決めなくてはなりません。子どもたちは、リレーの場にはいますが、なかなか意見がまとまらずにいました。

保育者「なんでやらないの？」

タクヤ「5人と4人だからだめなんだ。やりたいんだけれど誰もいないんだ」

　タクヤが声かけやリードをして話し合い、どうにか2チームが同じ人数になりました。次は走る順番です。第1走者・第2走者は決まりましたが、アンカーがなかなか決まりません。それでも、場から離れてしまう子はおらず、「じゃんけんで決めよう」「話し合いで決めよう」などと意見を出し合って、時間をかけて話し合いを続けていました。❶

　いっこうに結論が出ない様子に、ハナが保育者の所にやってきて「先生が決めてよ？」と声をかけます。でも、「みんなのリレーだからみんなで考えてごらん」と言われて、みんなの所に戻り、タクヤに声をかけてハナがアンカーをすることになりました。これで、リレーの準備はOKです。

これまでの経緯

　子どもたちの間で、自由時間のリレー遊びが続いています。今までは、保育者が仲介しながらグループ分けや走る順番を決めていました。

育ちの背景

　話し合いの場面で、みんなに声をかけ、リードして話し合いを進める子や、緊張感のある雰囲気になると、和ませようとおどけたりする子が自然に登場します。それぞれが自分の役割をしています。

アンカー役をやりたい

「ちゃんと並んで。最初に走る人は、1番に並ぶのよー!」とハナはみんなに声をかけます。保育者が、「ここに並ぼう」と白線を引くと、赤・白チームがそれぞれ並び始めました。

やり始めようとした、ちょうどそのときに、シンスケが「どうしてもアンカーがやりたいよ」と言い始めました。シンスケは何度も主張しましたが、順番もアンカーも決まってしまっていたので、仕方なくアンカーの前に並びました。その姿を見て、シンスケの前に並んでいた子が声をかけて慰め、1回戦がスタートしました。❷

続いて2回戦です。シンスケは、少し離れた柵の所で後ろを向いて立っています。2回戦は参加しないようです。

今回は、アンカーをじゃんけんで決めることになりました。❸ 白チームのアンカーはユメに決まりました。赤チームはアンカーを希望しているタクヤとエリの対戦です。エリは、アンカーをとてもやりたがっていたのですが、タクヤがじゃんけんに勝ち、エリは負けてしまいました。それを見ていた、白チームのアンカーのユメが、「チームを白に変えたらいいよ」と言いながら、そっと自分のアンカーたすきをエリに渡し、自分は赤にチーム変更をして列に並びました。❷

アンカーができる!

今までアンカーができなくて、少し離れた所で自分の気持ちに折り合いをつけていたシンスケ。2回戦が終わると、リレーをしている所に戻ってきて、もう1度アンカーに立候補しました。❹ 3回戦は、今までアンカーをやっていなかった人がアンカーをすることになりました。❸ シンスケは、ようやくアンカーになれることに、ピョンピョン跳ねながらうれしさを表現していました。

育ちの読み取り❶

問題を自分たちで解決しようとする

お互いの思いがわかるからこそ、自己主張をしつつ、友達の主張も受け入れようと、話し合いを進めています。

育ちの読み取り❷

友達の気持ちがわかり声をかけたり行動したりする

友達の気持ちを察してアンカーを譲ったり、アンカーができなかった友達に声をかけて慰めています。

育ちの読み取り❸

楽しいから、子どもたちから考えが出てくる

リレーをやりたい気持ちから、子どもたちで考えてさまざまな意見が出てきます。

育ちの読み取り❹

諦めずに、自分の思いを伝える

友達の慰めもあり、気持ちに折り合いをつけて、諦めずにアンカーを希望しています。

事例から見る
子どもの育ち

友達の気持ちがわかるからこそ、主張を受け入れる

さまざまなことを決めなくてはできないリレーを、子どもたちだけで進めていきます。2チームを同じ人数にするだけでなく、第1走者やアンカーなどの順番も決めなくてはなりませんが、簡単には決まりません。でも、どうにか友達の主張を受け入れて、いろいろな方法で決めていきます。そのなかには、チームごとに1列に並んだり、アンカーをじゃんけんで決めたり、じゃんけんで負けてしまった友達にアンカーを譲り、

その様子を見ても反論せずにそれを受け入れたりと、認め合う姿が見えてきます。

また、アンカーができなかった友達を慰める姿もあります。思いが実現できないときの気持ちを味わっているからこそ、そのときの友達の気持ちがわかるのでしょう。悔しい・悲しい、でも、みんなとするリレーは楽しい…など、さまざまな感情や気持ちが共有されているので、止まることなく、リレーが続けられています。

5歳児 3期
自己主張期

イメージを明確にして作る
～座れるトイレを作りたい～

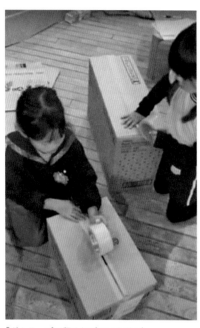
「ガムテープで留めればいいんだ！」

へこまないか確かめる

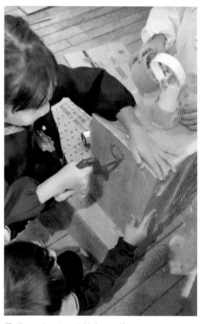
段ボールカッターを協力して使う

設計図をもとにトイレを作る

　保育室に、段ボール板の大きな壁ができました。ままごとのキッチンセットを中心に、この壁でぐるりと囲われています。壁に切れ目を入れて、扉や窓もできました。これは、クラスみんなで作っている「おうち」です。

　サナは、この家に、トイレを作ることにしたようです。さっそく、紙とマジックで設計図を描き始めました。保育者が時々、「どんなトイレ？」などと声をかけ、サナはその問いかけに答えながら設計図を描いていきます。❶　そこにミユも加わり、段ボール箱を2つ組み合わせて、トイレを作り始めました。

潰れないトイレにするには？

　段ボール箱のふたが開いている状態で、「座ってみなきゃ」とミユが座ると、箱が少し潰れてしまいました。
保育者「どうすればいいと思う？」
ミユ「ガムテープで留めればいいんだ」

育ちの背景

これまでの経験により、少し難しい作業にも、試行錯誤しながら積極的に挑戦する姿が見られます。

育ちの読み取り❶

設計図から
イメージを明確化する

設計図を描くことで、イメージが具体的になり、保育者の投げかけもあって、よりイメージが深まって作り方が明確化されます。

ミユは保育者の問いかけに答えると、すぐに段ボール箱のふたを閉じ、ふたの長辺にガムテープを貼り始めました。途中で何度か手で箱を押して、潰れないか確かめながらガムテープを貼っていきます。❷　短いガムテープだと頑丈にならないと思ったのか、段ボール箱の幅に合わせて、長くまっすぐに貼っていき、しっかりと貼れました。ミユが座ってみると、潰れません。「本物のトイレと同じだ」と笑顔を見せていました。❷

サナは、もう１つの段ボール箱のふたを留めています。そして、「ここは穴が開いているから、留めた方がいいね」と、ふたの長辺だけではなく短辺にもていねいにガムテープを貼りました。「どうしてそうするの？」と保育者が問いかけると、「その方が、丈夫になる」とサナが言います。それを聞いていたミユは、まだ短辺を留めていない自分の箱を押して、少しへこむことを確かめた後、「その通りだね！」と言い、短辺にもガムテープを貼りました。

そこにメイが「色のガムテープ買ってきたよ」と、ピンクと青のガムテープを持ってきました。黄色・ピンク・青とカラフルなトイレになりそうです。違う場所では、ペーパー芯にストローを付け、紙を巻いた物（トイレットペーパー）を作る子も出てきて、トイレ作りは盛り上がっていきました。

難しい作業を協力して行う

サナとミユは、段ボール箱の側面に穴を開けて、そこにペーパー芯を差し込もうとしていました。トイレの水を流すレバーにするようです。しかしこれは、なかなか難しい作業です。

まず、ペーパー芯の太さと同じ大きさの穴を開けるため、ペーパー芯を段ボール箱に押し当てて、黒のマジックで縁をなぞって円を描きました。

次に、描いた円に沿って、段ボールカッターで切ります。❸　２人で、カッターの動きに合わせて箱を押さえながらの作業になりました。「そこの曲がるところ、わたしやるね」と言って互いに代わりながら切っていきます。❹　もう１人が「とれないように貼るね」と声をかけ、上の部分に部品を貼っています。こうして、協力し合いながらトイレが完成しました。

育ちの読み取り❷

イメージを形にするため、試行錯誤する

テープの貼り方で、箱が丈夫になることに気づき、座っても潰れないくらい丈夫にしようと、失敗しながらも工夫しています。

育ちの読み取り❸

適した素材や道具を選び、扱う

ちょうどよい大きさの段ボールや適した道具選び、それらを自分で扱うようになっています。

育ちの読み取り❹

友達と協力しながら難しい作業をする

カッターで切る人、箱を支える人など、役割分担をしながら協力して、自分たちが考えるトイレを作り上げました。

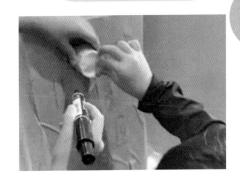

事例から見る 子どもの育ち　　**さまざまな力が複合的に育っていく**

設計図や保育者の投げかけにより、イメージを明確化しながら、製作を行っています。また、このときに、作る工程も整理されていきます。そして、自分たちがイメージするトイレや部品を、最後まで作り上げています。この活動のなかで、次のような「5歳児のこの時期ならでは」の育ちが見られます。
・設計図や保育者の言葉でイメージを明確化する。
・イメージを表現しようとする。
・適した素材を選び、それに適した道具を使う。

・その道具を扱う技量がある。
・1人ではできないことも2人で協力して行う。
・より本物らしくするにはどうしたらよいかと発想し、考える思考ができるようになる。
・最後まで作り上げる粘り強さが出てくる。
活動のヒントとなる保育者の声かけ（の援助）もありますが、5歳児たちは互いに思いを主張し、試行錯誤しながら、ますます積極的に活動に取り組むようになります。

5歳児 3期
自己主張期

ルール違反を指摘する
～だって勝ちたいんだもん～

園庭で続くドッジボール

グーとパーで分かれよう

グーとパーで同じのを出そう

　勝敗に喜んだり、悔しがったりしながらも、園庭では毎日ドッジボールが続けられています。❶

　しかし、保育者にとっては、少し不思議なことがありました。このところ、少しずつドッジボールに参加する子が減ってきて、すぐに勝敗が決まってしまうこともあります。また、チーム分けは、じゃんけんの「グーとパー」に分かれる方法で決めていたのですが、なぜかユウマとゴウは、いつも同じチームになっていました。

　ある朝、保育者は、ユウマとゴウがトイレでなにか相談していることに気づきました。「今日は、じゃんけんでこれを出そう」と話し合っています。チーム分けのときに、同じ手が出せるように、前もって2人でなにを出すか伝え合っているのです。❷　ドッジボールによく参加しているハルトやイツキは、ユウマとゴウがこのような「ルール違反」をしていることを知っていたようですが、今まで、それを指摘したことはありません。

　保育者は、「子どもたちが互いの気持ちを認め合い、解決できる時期だ」と考え、見守ることにしました。「変だな」と思っていても、それを言わないハルトやイツキに、「自分の考えを主張してほしい」、という意図もありました。

育ちの背景

勝敗のある遊びを楽しめるのと同時に、勝ってうれしい、負けて悔しいという心情が出てきました。勝つためにはどうしたらよいか考え工夫するようになってきています。

これまでの経緯

ドッジボールなどで、ルールを守って勝敗を楽しむことができるようになってきています。
このクラスでは、運動が得意なユウマとゴウがいるチームが勝つことが多くなっていました。

ルール違反だよ！

　この日は、いつもは参加していないアヤたちも、ドッジボールに加わりました。チーム分けのじゃんけんをしているときに、突然、アヤが身を乗り出しました。

アヤ「ユウマちゃんとゴウちゃんは、いつも同じものを出してる。なんかおかしいよ」

　アヤの様子を見て、ハルトやイツキも声を上げました。

ハルト「同じのを出すようにしているんだ」

イツキ「それはおかしいよ。ルール違反だよ」

ハルト「じゃんけんするの意味ないよ」**③**

　みんなが「ずるいよ」「ずるいよ」と言い出しました。ユウマとゴウは、いつもは静かなハルトやイツキが強く主張する姿や周囲の強い訴えに驚いたようです。「だって勝ちたいんだもん」「勝つのがいいんだもん」「ごめんなさい」と言いながら、泣き始めました。**④**　ほかのメンバーも、いつも威張っている２人が突然泣きだしたことに驚き、しばらく黙っていました。

大きく変わった４人の関係

　ハルトが「じゃあ、もう１回じゃんけんしてやろう」と言い、みんなが納得してじゃんけん（じゃんけんのグーとパーで分かれる方法）をして、ドッジボールが始まりました。ユウマとゴウは１回戦目は参加しませんでしたが、２回戦では参加し、チームが分かれても対戦を楽しんでいました。

　それからは、ユウマ・ゴウ・ハルト・イツキの４人は、互いに自己主張し合えるようになっていきました。そして、ユウマとゴウは、弱い自分も出せるようになり、お互いに助け合う仲間になっていきました。

育ちの読み取り **1**

ルールを理解し勝敗を楽しむ

ルールがある遊びで勝敗のスリルを味わう気持ちが育っています。

育ちの読み取り **2**

どうしても勝ちたい気持ちからルール違反をする

仲のよい友達と一緒に同じチームになりたい気持ちと、一緒に勝ちたい思いがあります。また、メンバー個々の能力を知っているので、思考を巡らせチーム分けの段階で同じチームになる方法を考えています。

育ちの読み取り **3**

ルール違反を指摘する

アヤはズルを見抜き、ルール違反を指摘しています。ハルトやイツキは、元気のよいアヤに後押しされ、ずっと抱えてきた不満を出しています。

育ちの読み取り **4**

友達の主張を受け入れる

おとなしく従っていたハルトやイツキの正当な指摘に驚き、自分たちの非を認め謝っています。同時にハルトたちは自己主張の大切さを知りました。

事例から見る子どもの育ち

友達のルール違反を主張し、互いに受け入れ合う

　この事例では、リーダーとフォロワー（リーダーに従う子）の関係がよくわかります。特に兄や姉がいる子どもは、遊びの内容や進め方をよく知っているため、４歳児の頃より周囲をリードして遊びを進めることが多く見られるのですが、５歳児の６月頃には、高圧的態度に出たりすることもあります。この頃には、フォロワーはリーダーのズルや態度に嫌気が差して、離れて自分たちのグループで遊んだりします。これができずにずるずると遊びに加わり続けた場合は、結果としてリーダーのズルを助長させてしまいます。ここでは、保育者が介入を考えているときに、アヤの活躍でリーダーとフォロワーの関係が崩れ、よい関係へと変わっていきました。

　一方で、勝つためにはどうしたらよいか考えて工夫することは、育ちの姿とも言えます。同時に、ズルを見抜くこと、友達に自分の考えを主張すること、友達の主張を受け入れ自分の非を認めて謝ること、これらもみな、育ちの姿と言えるでしょう。

自己主張し、葛藤しつつ折り合いをつけていく

この期の子どもの姿

遊びや活動のなかで、自分で考えて、友達と自己主張し合う姿が出てきました。友達との思いや意見の違いを理解しながら、どうにか話し合い、折り合いをつけて、活動を進めていくようになります。今まで、友達との関係性のなかで主張していなかった子どもも、言葉や動きで主張し始めます。

特性 1 友達とイメージを共有し、話したり、工夫したりしながら継続して遊びを楽しむ

遊びに使う物を作るときなどは、友達とイメージを共有し、作り方も一緒に考えて作り上げていきます。遊びの場・素材・道具の選び方や、その扱いも適切になっていきます。イメージをより具体的にするために、相談しながら遊びを続け、そこでさまざまなことに気づき、失敗もしながらも工夫する楽しさを友達と一緒に感じていきます。自分の考えだけでなく、友達の考えも受け入れ、遊びが変化していくおもしろさも感じています。

特性 2 勝敗にこだわりつつ、ルールのある遊びを楽しむ

リレーやドッジボールなどでは、勝敗にこだわりながら、繰り返し遊ぶ楽しさを感じています。ルールの共有によって、友達とのつながりが深まる様子が見られます。チーム分けやアンカー決めなどで思いがぶつかり、ケンカになることもありますが、意見を出し合い、ルールを確認したり、どうにか解決しようとする力がついていく時期です。自分たちで考え、納得することで、ルールを守って遊べるようになっていきます。

特性 3 友達との力量の違いに気づき落ち込んだり、気持ちが高ぶることもある

こうありたいと思う自分や、友達との力量の違いに落ち込んだり、自分がやりたいことを受け入れてもらえなかったりして悔しい思いを強く感じる子もいます。しかし、友達や保育者の支えも受けながら自分で気持ちを立て直し、再びチャレンジしていきます。友達からの正当な指摘を受けて、気持ちが高ぶり感情を爆発させることもあります。自分のありたい姿とそうでない姿が自分のなかで葛藤し続けている時期でもあります。

特性 4 物のしくみや事象に興味・関心が広がり、不思議さを感じ、疑問をもつなど、知的好奇心が高まる

自然や季節の変化に気づいたり、砂や水・太陽・影・光・風などの事象にも不思議さを感じています。時には疑問解決のために、図鑑やインターネットで情報を調べて深めていく姿も見られます。また、文字や数にも興味をもち、遊びにも使おうとします。

特性 5 言葉の表現が豊かになり、友達と意見を言い合い、その理由づけもする

状況に応じて、友達の様子を見ながら考えて言葉をかけたり、意見を言い合ったり、話し合いを好んでするようになります。ただ言い合うだけでなく、その理由づけや正当性を論理的に伝えようとする子どももいて、自分が優位になりたいためだけの主張は友達に受け入れてもらえないことも増えていきます。また、友達の役に立ちたい気持ちや、みんなが納得できるまで時間をかけて解決しようとする粘り強さも表れてくる時期です。

この期の
クラスづくりの
point

保育者の援助と環境構成

主体的に考えたり、工夫したりできるようになる

　子どもたちは、生活や遊び・活動を通して、自己主張しつつ、友達と試行錯誤をする姿が多く見られます。保育者は、いろいろな場面で子どもが自ら考えたり工夫したりできるような援助や環境設定をしていきます。

　行事では、その行事を行う意味をあらためて考えてみましょう。内容だけでなく、行事に向けて5歳児クラスでどのようなことができるかを話し合って進めていきましょう。

　子どもたちの主体性を考えていくには、興味・関心、そして個と集団の育ちの両方を捉えていくことが大事です。遊びや活動・行事においても、その視点を忘れずに、援助や環境設定を考えていきましょう。

一人ひとりのよさが発揮できる場をつくっていく

　心情や情緒が豊かになり、友達のことを理解しようとする思いがより深くなることで、友達とは違う自分を強く意識する子どももいます。

　保育者は一人ひとりの子どものよさを捉えて、遊びや生活・活動のなかで、そのよさや主張を発揮できるきっかけをつくっていきましょう。そのためには、日頃の子どもの姿をよく見ることと、人や物とどんな関係性をつくっているかも視野に入れて、思慮深くあたたかなまなざしでその子自身を捉えることから始めましょう。他の保育者の視点もあると、子どもの深い内面理解にもなります。意見交換を積極的に行いましょう。

5歳児 4期
仲間意識期

見通しをもって話し合う
～どんなおばけ屋敷にする？～

話し合いながら設計図を描く

「ふじ組全体をおばけ屋敷にします」

部屋全部をおばけ屋敷に

　クラスでおばけ屋敷作りが始まり、まず、数人の子どもが設計図を描くことになりました。設計図を描き始めると、夢中になったアイカがつい自分の意見を強く主張し、他の子どもが意見を出しにくい雰囲気になりました。アイカは、ユミが描いたものを「これ、消します」と消したり、ユキオがなにか言おうとすると「気が散るから今は言わないで」などと言ったりして、自分が考えたことをペンで描こうとしました。

　そのうちユキオが、「話を聞いてくれない」とその場を離れてしまいました。見守っていた保育者が「ユキオくんが話を聞いてもらえないって、行っちゃったよ」とアイカとユミに声をかけました。ユミが「ユキオくんの話、聞きたい」と呼びに行き、ユキオが戻るとアイカも話を聞こうとしました。❶　ユキオは、「おばけ屋敷をふじ組全体に広げたらいいんじゃない？」と、部屋全体を使うことを提案し、アイカとユミもその案に同意しました。そして、全員がペンを持ち、設計図を描く場面が見られるようになり「ここが〇〇ね」など、みんなで話をしながら設計図を仕上げました。❷

これまでの経緯

　ハロウィンが近づいた頃。保育者が、どんぐりのアクセサリーやマントを用意すると、魔女ごっこが始まりました。その後、好きなおばけになる子が増えていき、おばけ屋敷作りに発展しました。

　各自で楽しくおばけを作る子どもたちの姿を見た保育者は、それぞれの楽しさをつなげたらおもしろくなると考えました。そして、最初から取り組んでいた子たちに、どんなおばけ屋敷にしたいかを聞くと、子どもたちはイメージを描き始めました。

クラス全体で話し合う

　設計図が完成すると、自分たちのアイデアをクラスの他の子どもたちに説明することになりました。みんなの意見を聞く時間です。紙いっぱいに描いた設計図を広げ、ユキオたちが前に出て説明を始めます。「ふじ組全体をおばけ屋敷にします」「ここはおばけが落ちてくる所で、ここは魔女の館」…などなど。

　しかし、部屋全体をおばけ屋敷にするという案に、「そんなにいっぱい作れないよ」「10個も棺桶を作れない」との意見が出ました。ユキオは「いっぱいあった方がおばけ屋敷っぽいよ」と答えますが、「そんなにたくさん段ボールないよ」と材料のことを心配する声も上がります。**③**　そこで保育者が、みんなが集めた段ボール箱を出し、子どもたちと一緒に数えてみると26箱あり、材料は十分に用意されていることがわかりました。「いっぱいは作れないけど10個なら作れる」という意見もあり、10個の棺桶を作ることになりました。

ドラキュラは何人？

　「でも、棺桶の中に入るドラキュラが足りなくなるんじゃない？」今度はドラキュラの数を心配する声が上がりました。保育者が「ドラキュラになる予定の人は何人いますか？」と問いかけると、なりたい子が手を挙げました。ユキオが人数を数えていきます。「10人だ！」とユキオが言い、ちょうど人数が合うことに気づきました。**④**　みんなも納得して、設計図に描いてあることをやってみることになりました。

段ボール箱の棺桶に入ってみる

　保育者が、これからなにに取り組めばよいか問いかけると、子どもたちから、「棺桶作り」「ろくろっ首の顔作り」「魔女の館作り」「オオカミ男の目作り」「ふじ組の部屋を暗くすること」など、さまざまな意見が上がり、各々の取り組みが始まりました。

2章

3歳児

4歳児

5歳児

4期

育ちの読み取り **1**
自分の気持ちに折り合いをつける

話し合いのなかで、自分の主張が通らないときにも、折り合いをつけて友達と一緒に行動しようとする姿が見られます。

育ちの読み取り **2**
見通しをもって遊びを進める

イメージをふくらませ、部屋全体をおばけ屋敷にすることを、見通しをもちながら設計図に表しています。

育ちの読み取り **3**
みんなで協同し、1つのことに取り組む

設計図を見ながら意見を出し合い、友達の意見に耳を傾けて、みんなが納得するまで話し合っています。

育ちの読み取り **4**
数の理解が進む

ドラキュラになりたい人の人数と棺桶の数を対応させて、数が合っているか考えています。

事例から見る子どもの育ち　見通しをもって友達と一緒に遊びを進める

　この時期、友達と1つの活動に取り組むなかで、一人ひとりが自身の力を発揮し、関わり合う喜びを感じることはとても大切です。このような協同的な活動を進める際には、子どもどうしの話し合いの場面を大切にしたいものです。

　この事例では、話し合いに設計図を用いています。初めの少人数での話し合いでも、その後に行われたクラス全員の話し合いにおいても、設計図は子どもたちのイメージの共有に役立っていました。全員の話し合いでは、設計図の効果もあり、活発に意見交換がなされました。部屋のどこを使うか、材料をどうするか、材料の数に不足はないか、これから行うべきことはなにかなどについて、感じたこと、考えたことを伝え合い、みんなが見通しをもって段取りを考えながら話し合い、活動につなげていました。

5歳児 4期
仲間意識期

友達の個性を理解し関わる
〜「ピタゴラ装置」を作る〜

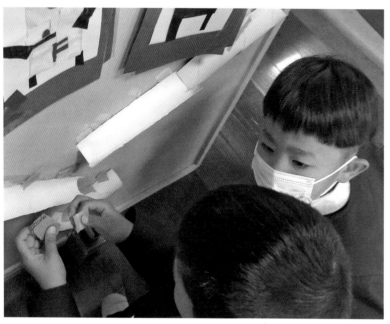

「先におやつ食べていい？」

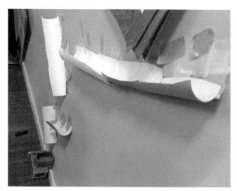

ストッパーが付く前の「ピタゴラ装置」

うまく転がる装置にしたい

　ソウタとミサキが、たくさんのペーパー芯を縦半分に切り、壁にいくつも貼り付けていました。これは「ピタゴラ装置」。装置にビー玉を転がすと、ペーパー芯の溝をコロコロと転がって、最後は入れ物に入るしかけを作ろうとしています。

　はじめは、マスキングテープでペーパー芯を貼っていましたが、それでははがれやすく、「装置」が壁から落ちてしまいました。ソウタの提案で、接着にガムテープを用いるように変更しました。❶　また、ビー玉が転がりやすい傾斜の角度を相談したり、ペーパー芯を縦に強めに折ってビー玉が落ちにくい形を考えたりと、2人で試行錯誤を繰り返しながら楽しんでいました。❷❸

　しばらく繰り返すうちに、2人はビー玉がルートを外れやすい箇所があることに気づきました。ビー玉が転がる勢いが強すぎるようです。そこで、ソウタは段ボール板を切って、勢いを抑えるストッパーを作り始めました。

これまでの経緯

園では日頃よりペーパー芯など、家庭から持ち寄った廃材を遊びに生かしています。ガムテープなども子どもが自由に使えるような環境構成をしています。

育ちの背景

これまでの園生活を通して、クラスの子どもたちは、互いに友達の個性を受け入れていて、認め合う優しい雰囲気になってきています。

おやつよりストッパー

　この日は、ちょうどお誕生会が行われた日で、給食室で焼いたアップルパイをおやつに食べる時間になりました。他の子どもたちは、それぞれの遊びを終わりにして片づけをし、おやつを食べる準備を始めました。ミサキも同様に準備を始めましたが、ソウタはストッパー作りを続けています。❷　途中で、友達や担任が「先に食べていい？」と尋ねると、ソウタは「うん」とうなずいて、作成を続けました。❹　そして、ストッパーを完成させ、ビー玉が一瞬スピードダウンして思いどおりのルートを転がることを確認すると、食べる準備を始めました。

みんなで装置で遊ぶ

　ソウタが食べ始めたころには、他の子どもたちは食べ終えていました。みんなは、おやつを食べている間のソウタの行動が気になっていたようです。すぐにソウタが作った「ピタゴラ装置」に集まってきて、ビー玉を転がし始め、「すごーい！」と感心しながら夢中になっていました。❹

　もっとビー玉を転がしてみたくなったのでしょう。おやつの前に、ビー玉をイチゴに見立てて、粘土でくるんで「イチゴ大福」を作って遊んでいた子どもたちも、粘土の中からビー玉を取り出しました。そして、取り出したビー玉を転がしてみたものの、スムーズには転がりませんでした。

　ソウタは、おやつを食べながら、みんなの様子をうれしそうに見ていましたが、粘土から取り出したビー玉が曇っていることに気づくと、なにか思いついたようです。食べ終えると、せっけんでビー玉を洗い始めました。❶　洗ってきれいになったビー玉は、滑りがよくなり、スムーズに転がりました。

育ちの読み取り❶
知的思考の高まり

身近な物の性質を理解し、遊びのなかで用いたり、なにをどこで用いるか試行錯誤しながら考えています。

育ちの読み取り❷
意欲的にイメージを形にし、遊び込む

遊び道具を作る過程で、思うようにいかないときも解決策を考え、イメージを実現するよう工夫しています。

育ちの読み取り❸
仲間意識の深まり

遊びをおもしろくしようという共通の目的に向かって、仲間とともに考え、意見を交わしながら行動しています。

育ちの読み取り❹
友達の心情や多様性を理解する

友達の性格や気持ちを理解し、自分とは違う行動を認めています。また、友達に思いを寄せる姿が見られます。

事例から見る子どもの育ち

友達の個性がわかり、遊びのなかで思いを理解する

　ピタゴラ装置を作る過程で、2人は「ビー玉がうまく転がるおもしろい装置を作る」という共通の目的に向かって意見を出し合い、思うようにいかない場面でも、身近な物を用いて、その物の性質や扱い方を考え、工夫を凝らしながらともに解決しました。それぞれの思考が広がり、2人は互いに刺激を与え合い、協同する楽しみを味わっていたようです。保育者は遊びを探求する子どもの姿を大切にし、見守っていました。

　その後、おやつを食べる時間になっても作り続けるソウタに、他の子どもは、みんなと同じ行動をしない様子を気にかけながらも、「ソウタの行動にはなにか意味があるのだろう」と認めていました。ソウタもまた、自分が作った物で友達が遊ぶところを見て、みんながもっと楽しく遊べるようにしたいと考えるなど、友達の個性への理解や、友達への思いやりが育まれていることがうかがえます。

5歳児 4期
仲間意識期

友達の思いを受け入れ話し合う
〜だれがマリア様役をやる？〜

「どうやって決める？」「みんなに決めてもらう？」

それぞれの役で練習

どうしてもマリア様役がやりたい

　キリスト教の幼稚園で、5歳児がキリスト降誕劇のページェントに取り組む時期になりました。5歳児のページェントには、毎年3・4歳児が憧れの気持ちをもっています。この年の5歳児も、3歳児のころから憧れ、自分が取り組む日を楽しみにしていました。

　この日は、役を決める日です。役決めでは、多くの子どもが希望する役があります。子どもたちから、コイン落としやにらめっこ、じゃんけんなどで決めてはどうかと意見が出ましたが、それでは一人ひとりの気持ちが大切にされないという意見もあり、話し合いで決めることになりました。❶

　マリア様の役には、ヨシミ・メイ・ハルの3人が立候補していました。クラス全体の話し合いのなかで、保育者が一人ひとりに気持ちを尋ね、「他の役に移ることができるかな？」と問いかけますが、それぞれが「第2希望の役も、もう他の人に決まっているし、どうしてもマリア様がやりたい」と答えます。

　子どもたちは時間をかけて希望する役を考えているため、その場で決めることはできそうにありません。3人は、3人だけの話し合いの場をもつことにしました。❶

育ちの背景

園では、日頃からなにかを決めるときに子どもどうしの話し合いを多く行っています。日常的に友達の意見を聞いたり、自分の意見を伝えたりすることを、数多く経験してきました。

これまでの経緯

紙芝居を見て、クラスみんなでページェントの話のイメージを共有しました。希望者だけで劇をしてみる日もあり、好きな役をやってみるなどしていくなかで希望する役を考え、この日を迎えました。

そこにヒマリも「さっきは2番目になりたい役でいいって言ったけど、本当はマリア様をやりたい」と申し出ました。ヒマリは友達に役を譲ろうと思っていたのですが、3人ががんばって自分の意見を伝えている姿に刺激を受けて、保育者に寄り添ってもらいながら、涙ながらに気持ちを伝えてきたのです。保育者から「ヒマリちゃんも話し合いに入れてくれる？」と聞かれ、3人は「いいよ」と快く受け入れ、4名で別の場に向かい、穏やかに話し合いを始めました。❷

4人でじっくり話し合う

　はじめに、「みんなマリア様になりたいよね？」と、他の役に移る気持ちがないことをお互いに確認し合いました。ヨシミが、クラスのみんなに多数決で決めてもらうことを提案しましたが、そうすると誰からも手を挙げてもらえなかった人が悲しい気持ちになるという意見が出て、4人で話し合って決めることになりました。❸　しばらくそれぞれの気持ちを話していると、メイが口を開きました。
メイ「わたし、天使役になってもいい」❹
　他の3人は驚きました。
ヨシミ「ここで決めたら、もう変えられないんだよ」
ハル「一生マリアをできなくなるんだよ」
ヒマリ「メイちゃん、いいの？」
　それでも、メイはうなずき、3人から「ありがとう」と言われ、話し合いから抜けました。
　そのあとも、ヨシミとハルとヒマリは話し合いを続けました。1時間くらい話し合いましたが、よい方法が見つかりません。そして、ついにこの方法しかないとじゃんけんで決めることにしました。勝った人がマリア様役です。3人の同意を確認し、じゃんけんをしたところ、ヨシミが勝ちました。ヒマリとハルは「ヨシミちゃんがマリア様だね」と言いました。その後は、みな納得してそれぞれの役の練習に取り組みました。❹

育ちの読み取り❶
仲間意識の深まり
1つの役に希望者が集まるという問題を、みんなが納得する形で解決し、1つの劇に取り組もうとする姿が見られます。

育ちの読み取り❷
友達の心情を理解する
友達の気持ちの変化を認めたり、考えていることを確認したりして、その思いを理解して行動しようとします。

育ちの読み取り❸
解決の方法を粘り強く探る
役の決め方について考えたことを友達に伝えたり、伝えられた方法の問題点を考えるなど、解決方法を根気よく探していきます。

育ちの読み取り❹
自分の気持ちに折り合いをつける
友達の話を聞き、全体のことを考え、自分の気持ちに折り合いをつけて、決断をしています。

事例から見る子どもの育ち
友達の声に耳を傾けながら自らの意見を伝える

　マリア様の役をはじめから希望していた3人は、それぞれ自分の気持ちをみんなの前できちんと伝えていました。その姿に刺激を受けて涙ながらに後から希望したヒマリの気持ちも理解し、優しく受け入れていました。その後の4人での話し合いにおいても、それぞれが公平に決めようとしている姿が見られます。ヨシミは、「他のみんなに多数決で決めてもらう」という案を出しましたが、その案に反対する友達の意見も理解し、無理な主張はせず、他の案を考えるようにしていました。

　みんなで1つのことに取り組もうとするなか、自分の気持ちを伝えつつ、互いに友達の声に耳を傾けながら、時間をかけて話し合うことで、自分の気持ちに折り合いをつけられるようになります。他の役に移る決断や、じゃんけんに同意する決断につながっていくのです。このような体験から、互いのよさを認め、考えを受けとめ合う関係が育まれていきます。

仲間意識が深まり 思考の幅も広がる

この期の子どもの姿

さまざまな遊びや活動を通してパワーあふれる時期です。行事や活動の見通しが立ち、それに向かって主体的に関わっていく姿が見られます。友達との仲間意識が深まり、相手のことを理解しつつ話し合ったり折り合いをつけたりしながら、協調して活動を進めていきます。また、感情が豊かに広がることにより、悲しさや切なさを強く感じて気持ちが落ち込む姿も見られます。

特性1 体力がつき持久力も増し、意欲的に動く

運動会前後から体力がつき、運動機能も高まり、リレーやサッカー、鉄棒やアスレチックに挑戦する姿が見られます。友達と競い合ったり、自分1人でもがんばったりし、1つのことをクリアすると自信がつき、さらに上の目標をもって、挑戦しようとする意欲が見られます。身のこなしも軽くなり、動くことを楽しみながら、友達と一緒に遊びや活動を繰り広げ、さらに意欲的になっていきます。

特性2 遊びをよりおもしろくしようと見通しをもち、考えたり工夫したりする

1人での遊びや、友達と関わる遊びのなかで、こうしたい、あのようにしたいというイメージをもち、それに近づくために、考えたり工夫したりして試行錯誤します。今まで経験したことを取り入れ、友達からも互いに刺激を受け、保育者からのアドバイスを聞くなどしながら、遊びをよりおもしろくしようと努力する姿が見られます。

特性3 友達と共通の目的をもち、互いの意見を取り入れ、折り合いをつけて調整していく

友達とサッカーやお店屋さんごっこ、クラスのルールや約束決めなどの活動をするなかで、自分の考えたことを伝えたり、友達の考えを聞いたりしながら、話し合って活動を進めようとします。時には感情がぶつかりケンカになることもありますが、友達の仲裁があったり、自分で気持ちをコントロールしたりして調整しようとします。友達と目的を共有できるので一緒に考えたり、違う意見に気づいたりしながら、折り合いをつけようとします。

特性 4　仲間意識が深まり、相手への思いやりが育ち、協調して関わる

友達のパーソナリティーを理解し、相手の気持ちに気づくようになります。また、手助けが必要な友達に手を貸したり、守ろうとしたりします。ふざけたり、乱暴したりする友達に注意をするなどの正義感も見えてきます。一方で、友達との関係がうまくいかないと、傷ついたり悩んだりし、気持ちが不安定になって、怒ったり泣いたり、時には感情を爆発させて不安な気持ちを表現したりします。そのような友達をなぐさめる姿も見られます。

特性 5　思ったことや考えたことを試行錯誤しながら豊かに表現しようとする

イメージしたことを絵に描いたり、材料を考えて製作物やごっこ遊びで必要なものを作るなど、イメージを具現化するためにいろいろと思いめぐらし、工夫していきます。

友達からの刺激も受け、相談し合って、自分のイメージややろうとしていることに近づけようと思考します。経過に苦労しながらもやり終えると、表現できたことを喜び、達成感を得て自信がついていきます。

 この期の
クラスづくりの
point　　**保育者の援助と環境構成**

主体的に考えたり工夫したりできる活動を考える

遊びや活動をよりよく・よりおもしろくしようと、いろいろ試行錯誤している子どもたちです。保育者は、子どもが主体的に自ら進もうとして、考えたり工夫したりすることを援助していきます。

行事の多い時期でもあるので、子どもが自ら関われるように行事の流れを組みながら、ゆったりと時間を取るように配慮していきます。たとえば、運動会のポスターやプログラムを作ったり、当日の係について話し合ったり、またお餅つきの準備で重い道具をみんなで運び、もち米を研いだりするなどの活動にもしっかり時間をとって、自分たちの力で行事が進むことを経験し、達成感を味わえるようにしていきましょう。

みんなで対話する場をつくる

友達関係が深くなるにつれて、情緒も複雑に絡むようになり、気持ちが不安定になる子どもも出てきます。保育者は一人ひとりの子どもに寄り添いながら、気持ちを聞いたり力づけたりするなかで、クラス全体で話し合った方が効果的と思われる事柄については、問題提起してみんなで対話する場をつくっていきましょう。

日頃の子どもたちの姿を観察することは大切です。そのなかから保育を進めていくヒントが見えてくることでしょう。子どもへのヒントは、すぐに直接示すのではなく、準備はしながらも、子ども自身の気づきや相談をできるだけ待って子どもの主体性が育まれるよう配慮していきましょう。

5歳児 5期
自己充実期

トラブルを解決し遊びを進める
～自分たちで最後まで進めるドッジボール～

2チームが同じ人数になるようにチーム分け

「いつまでもケンカをしてたら、時間がなくなるよ」「早くやろうよ」

他のクラスを誘って人数合わせ

クラスでの活動が終わり、「ドッジボールする者、この指とまれ」と1人の子どもが言うと、7人集まりました。
「人数が合わないよ」①
「じゃあ、そら組の人を呼んでくる！」
ダイキは、そう言って、隣のクラスの友達を誘いに行きました。② 人数が偶数になると、グーとパーで分かれる方法やじゃんけんなどでチームを決めました。
ゲームの途中で入る子には、近くにいる子が両チームの人数を同じにするために「誰か呼んできて」と伝え、① 新しい仲間が加わると、「シオリちゃん入ったよ」「OK」などと伝え合いながらゲームを進めていました。

「ナイス」「ドンマイ」

ゲーム中に、同じチームの友達が相手チームにボールを当てると、「タツヤくん、ナイス」とハイタッチをして喜び合っています。一方の当てられたチームは、「惜しかっ

たね」「そういうのは、『ドンマイ』って言うんだよ」などと励まし合いながら、ゲームが進みます。

途中で、4歳児が参加すると、遊び方やルールを優しい口調で伝えています。遊びながら4歳児のことを気にかけ、「当たったら、こっちに行くんだよ」などと知らせる姿が見られます。❸　4歳児は、なかなかボールには触れられませんでしたが、5歳児と一緒に逃げてうれしそうにしています。

4歳児も一緒にドッジボール

「時間がなくなる」「早くやろうよ」

ボールが両陣地の線上で取り合いになりました。どちらも、自分たちのチームのボールだと譲りません。「先にこっちに入った」「ずるいよ。先とかなしだよ」とケンカになってしまいました。

なかなかゲームが再開しないので、ほかの子どもたちも集まってきました。「いつまでもケンカをしてたら、時間がなくなる」「早くやろうよ」という意見が多くなり、ボールを取り合っていた2人も、納得してじゃんけんをし、ゲームが再開しました。❹

時間を気にかけている子どもが「もう長い針が5だから、終わりだよ」と声をかけます。❶　「また明日もできるよ」と言いながら、自分たちでボールを片づけて保育室に戻っていきました。❷

育ちの読み取り❷
見通しをもちながら充実した生活を送る
活動の見通しをもち、自分たちで遊びの準備や片づけをしています。また、集団のなかで自分の役割を見つけ、自信をもって過ごしています。

育ちの読み取り❸
異年齢との交流
年下の子どももドッジボールのゲームに入れ、ルールを伝えるなど、同じ年齢以外の友達とも関係を築くようになってきています。

育ちの読み取り❹
自立心と認識に基づく思考力の育ち
ケンカの仲裁やゲームを続けるためにはどうしたらよいかを、諦めずに話し合ったり、解決方法を提案したりするようになっています。

事例から見る子どもの育ち
問題を解決し、最後まで自分たちで遊びを進める

園生活でさまざまな経験を積み、成長してきた5歳児。友達関係も複雑になり、いわゆる情緒といわれる喜び・怒り・悲しみ・恐れ・憂い・驚きなど、身体的表出を伴う感情の動きも、大人と同じように出てくる時期です。

また、目標を達成するためには、どうしたらよいかを考えて実行したり、自分の欲求や考えをコントロールしたりする力が身についてくる時期でもあります。

この事例では、共通のルールのもとで、ほかのクラスや、異年齢の友達と集って遊んでいます。気の合う友達だけではなく、さまざまな友達のなかで力を発揮し、ともに活動を進めることは、小学校生活への自信につながることでしょう。

多少のトラブルがあっても、解決方法を考え、友達どうしで声をかけ合って行動するなど、状況に応じて自分たちで遊びや生活を進めていく姿も見られます。

5歳児 5期
自己充実期

言いにくいことを伝える
〜サッカーでのトラブルを越えて〜

サッカーのミスを強く責められて…

気持ちをわかり合って、一緒に楽しくサッカー

今日はサッカーやらない

「サッカーやろう！」

隣のクラスのケンタに誘われて、毎日サッカーをやっていたコウイチ。でも、3学期になって急に、「今日はサッカーやらない」と断ることが増えてきました。

保育者「サッカー大好きなのに、どうしたの？」

コウイチ「なんでもない」

その後も、「おにごっこしたくなっただけ…」「今、こまやってるから…」という日が続いたので、保育者はそれとなく保護者に聞いてみたのですが、理由はわかりませんでした。でも、コウイチの表情は、なにかを抱えている様子です。友達が周りにいる所では、話してくれそうもないと感じた保育者は、コウイチと2人きりになって、訳を聞いてみました。

すると、「ケンタが全部ルールを決めちゃうのがいやだから…すごくいやだった…」と話し始めました。サッカーでミスをしたことに対しても「おまえ、ふざけんなよ！」などと強く責められて、耐えられなくなったようです。❶ コウイチは、わざとミスしたわけでもなく、一生懸命やってもうまくいかないプレーに対して、「ケンタだってミ

スするときもあるのに、なんでぼくのことを責めるのか、それがすごくいやで、サッカーを一緒にやりたくなくなった」と言うのでした。

保育者は「そのことを、ケンタくんに話そうよ」と言ったのですが、コウイチはなかなか同意しませんでした。コウイチの思いを知らないケンタは、毎日誘いに来ていました。

勇気を出して気持ちを伝える

ケンタの担任とコウイチの担任は、保育者どうしで話し合って、この機会を大事にしようと考えました。そして、保育者が前面には出ずに、2人が話し合う機会をつくる方向で、励ましながら見守っていくことにしました。

「ケンタくんのためにも、コウイチくんが自分の気持ちを話した方がいいと思うよ。ケンタくんは、そんなふうにコウイチくんがいやな気持ちになっているって気づいてないかもしれないよ。ケンタくんが考えることができるためにも、伝えることが大事だと思うよ」などと保育者が何度か話して、一週間くらいかかって、コウイチはようやく決心して、ケンタと話をすることになりました。 ❷

話してみると、「なんだ、そうだったのか」とケンタ。❸ ケンタにとっては、コウイチは一目置く存在であり、一緒にサッカーをやりたい友達です。そんな友達から言われたことが、ケンタの心に響いたようです。急に心を改めて、一緒に楽しくサッカーができるようになり、2人はとてもいい関係になったのです。❹

いばりんぼうは捨ててきた！

その後、卒園して1年生になる前の春休みに、ケンタは「いばりんぼうは、幼稚園に捨ててきた！」とお母さんに言ったそうです。このコウイチとの一件以外にも、いろいろなことがありました。その度に、「自分を変えなくちゃ、変わらなくちゃ」と、ケンタなりに何度も考えて、変わっていったのです。「こういう自分になりたい」と気づくのも大事なことですが、「こういう自分はいやだ」と気づくこともまた、大事なことなのです。

育ちの読み取り ❷
自立心の芽生え
自分の気持ちを調整して、勇気を出して自分の思いを言葉で伝えています。

育ちの読み取り ❸
友達と自分の考えの違いに気づく
お互いに思いを伝えることで相手の考えを理解して、友達と自分の考えの違いに気づきます。

育ちの読み取り ❹
協同性の育ち
友達の話を聞き、自分の気持ちを切り替えて折り合いをつける方法を考えたり、話し合ったりするようになってきています。

3歳児　4歳児　5歳児　5期

事例から見る子どもの育ち
お互いの思いを伝え合い、関係性を深めていく

5歳児になると、悩みや人間関係が大人に近くなってきます。「あの言い方は、わたしはいやだな…」。けれど、「それを相手に言ったらどうなってしまうだろう？」などと考える子どもがいます。これは、思いやりや相手の立場を自分に置き換えて考える力が育っている証しでもあります。

葛藤しながらも、思い切り今の自分をぶつけ合ううちに、いろいろな友達がいて自分自身にもいろいろな面があることに気づくでしょう。園生活のなかで、このような経験をたくさんしてほしいですね。

5歳児の子どもたちは、相手の思いや考えがわかると「なんだそうだったのか」とあっさりわかり合えたりします。知ってわかれば、もっと深い関係をつくっていけます。自分とは考えの違う人とも、言いたいことは言い合う、聞き合う、違いはあっても認め合うという経験は、より深い人間理解につながることでしょう。

5歳児 5期
自己充実期

就学への期待と不安を共有
〜思いを仲間と共感する小学校会議〜

小学校から届いた紹介ポスター

小学校会議を始めよう！

小学校ってどんな所？

　3月、卒園を控えたある日。小学校から案内のDVDが送られてきました。そのニュースを聞き、さっそくお弁当後に5歳児の3クラスが体育館に集まりました。

　体育館に入ると、小学校の生活を写真や文字で模造紙いっぱいに紹介したポスターが飾られています。これは、S小学校・F小学校から届いたものでした。

　ポスターを見た子どもたちの反応はさまざまです。「あっ！　S小学校だ！」「わたしの小学校だよ！　ヒナちゃんも一緒だよね」「掃除もするんだね」「給食食べてる！」と、ポスターの前で目を輝かせ興味津々な子もいれば、「小学校やだなあ〜」と不安げにつぶやく子もいます。

　そして、次はM小学校から送られたDVDを見ることになりました。小学1年生が、学校の施設を紹介したり、授業中の様子や休み時間の過ごし方を伝えてくれる動画を、子どもたちは食い入るように見ています。もうすぐ自分たちが行く場所です。そのリアルな情報に強い関心を抱いたようです。

これまでの経緯

保育室には、「学校」を意識した絵本が用意されています。子どもたちは自然に手に取って読んだり、友達どうしで小学校のことを話題にしています。

育ちの背景

卒園間近となり、小学校への期待と不安、卒園の喜びと寂しさで複雑な感情を抱きながら過ごしています。

小学校会議をしよう

　DVDを見終えた子どもたちは、口々に質問や感想を言い始めました。保育者は、黙ってホワイトボードに「しょうがっこうかいぎ」と書きました。すると、たくさんの手が挙がります。こうして、小学校についての話し合いが始まりました。**①**

　「勉強が楽しみ」「給食が楽しみ」「体育ではどんなことするのかな？」など、子どもたちの発言を保育者がホワイトボードに書いていきます。発言内容は、その場で一緒に考えたり、共感したり、兄姉がいる子に聞いたりします。**②**

ダイキ「小学校の先生は、怖いんでしょ？」

アキラ「怖い先生もいるけど、1年生の先生は優しいんだって！　宿題忘れるとちょっと怒られるけどあんまり怖くないって！　お兄ちゃんが言ってた」**③**

保育者「キョウコ先生（担任）とどっちが怖い？」

子どもたち「キョウコ先生の方が怖い！」

　保育者がちょっと茶化して問いかけると、子どもたちは一斉に声を上げ、会場は大爆笑です。

ハナ「音楽で間違ったらどうしよう。怒られるかな？」**②**

保育者「そういうことも心配になるよね。でも、一生懸命がんばって、間違えたことを怒ったりしないよ」

　周囲の子どもたちも、「そうだよ」「大丈夫だよ！」と口々に応えました。**③**　みんなの話を聞いて、ほっとした表情のハナを見て、周囲の子どもたちの表情も柔らかくなりました。**④**

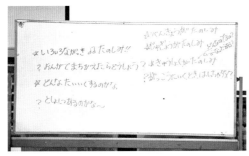

子どもたちの発言

育ちの読み取り **①**

みんなで1つのテーマを話し合う

小学校のイメージという、この時期に興味・関心のある1つのテーマで話し合うことを楽しめます。

育ちの読み取り **②**

自分の思いをみんなの前で発言する

自分の不安な思いや、期待していることを自信をもって発言しています。

育ちの読み取り **③**

友達の気持ちを考え共感する

友達の発言を受け、相手の気持ちを考え、共感するようになってきています。

育ちの読み取り **④**

友達に共感してもらい安心する

不安や期待を出し合い、思いを共有します。保育者や友達にていねいに思いを受けとめてもらい、不安なのは自分だけではないと感じます。

事例から見る
子どもの育ち　　### 就学に向けた複雑な思い

　この時期、5歳児たちは、ランドセルや新しい学用品にわくわくする思いが高まる一方、卒園を控えての寂しさや不安で、心の中は不安定になります。自分の心のなかの不安を、みんなの前で言葉にすることで、「心配なのは、自分だけではないんだな」と周囲の仲間の気持ちへの共感ももてるようになっています。

　また、仲間関係が深まり、相手を気にかけたり互いに助け合う気持ちも深まっています。自分たちなりに、小学校へのイメージを寄せ合ったり、今まで過ごして

きた仲間との温かい関係のなかで、互いに勇気づけ合ったりする様子も見られます。

　この事例では、保育者は、就学に向けたわくわくした気持ちや楽しい気持ちがふくらむようにと考えています。このユーモアを交えた小学校会議を通して、信頼できる保育者や仲間のなかで自分を見つめながら、卒園に向かう時間を過ごすことで、5歳児の心は、さらに充実していきます。

社会のしくみがわかり、友達と共存し自己を充実させる

この期の子どもの姿

友達の気持ちを理解し、互いに自己主張をし合える深い友達関係をもつようになってきています。同時にケンカも増えますが、主張を聞き合い、相手を受容し、意見を整理して折り合いをつけていく時期でもあります。

特性1 自分の気持ちをコントロールし、相手と調和しようとする

より大きな集団で遊ぶようになった子どもたちは、遊びの内容や目的を理解し、目標を達成するために、自分の欲求や考えをコントロールする力が身についてきます。また、同時にルールを守る力も必要になってきます。みんなで遊んでいるとき、ルールを守れないといやがられます。このころから、大人よりも「友達がどう思うか？」を重視するようになってきて、友達からいやがられないよう気持ちを抑制するようになります。この5歳児の集団遊びで育まれた感情のコントロール力は、小学校以降の友達づくりなど、社会性の発達の土台となっていきます。

特性2 活動の見通しをもち、必要なものを準備し、問題解決の能力が高まる

今までの経験から、計画的に準備や話し合いができるようになります。例えば、お店屋さんごっこをするときには、「なんのお店をしたいか」「どんなお店にしたいか」を絵に描いて表現しながら話し合います。また、素材や道具の特性も経験的に知っていて、「どんな素材で作るか」「そのためにはなにが必要か」を計画的に考えて進められるようになってきます。そのなかで、意見が分かれたときもじゃんけんのような「白か黒か？」だけでなく、折衷案にする方法も使えるようになります。

特性3 ルールのある集団遊びを自分たちで最後まで進める

ドッジボールやサッカーなどの集団遊びで、保育者がいなくても子どもだけでチーム分けができたり、ルールも自分たちでジャッジするようになってきます。また、2学期の終わりころから、子どもたちのなかで信頼されているリーダー的な存在が出てきます。

特性4　身近な人や地域に親しみ 公共の場での振る舞いを知る

　水族館や博物館に行くなどの園外保育の経験を通して、公共施設でのルールとマナーを理解していきます。また、園外での活動では、交通ルールも身についていきます。地域のさまざまな人々との交流を通して、挨拶の大切さや気持ちよさを感じたり、社会の多様性も知っていきます。

特性5　就学に向けて期待や自覚をもつが、卒園の寂しさから不安になる子がいる

　ランドセルを買ってもらったり、就学時健康診断に行ったりして、小学校入学を実感する時期です。期待に胸をふくらませる一方で、環境の変化に対して不安を感じる子どもも多く現れます。子どもたちにとって、小学校の入学は、意識下での初めての大きな環境の変化となります。友達とバラバラになること・勉強・給食・トイレ…など、さまざまなことで不安になります。チックや頻尿、夜尿症が出る子もいます。

この期のクラスづくりのpoint

保育者の援助と環境構成

互いのよさを生かしながら 挑戦する遊びや活動を取り入れる

　子どもたちが好きなことを十分に遊べる時間を保障し、楽しめるようにしましょう。友達と互いのよさを生かして、試したり、発見したり、考えたりする楽しさを味わい、「自分たちで取り組んだ」という充実感を十分に感じられるよう配慮します。特に、相手の話を聞く活動や役割のある活動・遊びを取り入れて、さまざまな友達と関わるなかで、それぞれが成長したことを認め合い、自信がもてるようにしていくとよいでしょう。

　また、日や週の見通しがわかって、一人ひとりが興味をもちながら行動できるように、予定表などを使い表示の仕方も工夫しましょう。

就学に向けて、期待感を高め 自信がもてるようにする

　自信をもって小学校入学を迎えられるよう、自己発揮をしている姿やその子のよさを十分に認めていきます。

　また、子どもたちが身につけてきた人間関係や自立心が生かせる遊びや活動を、時間をかけて継続的に取り組めるようにしましょう。子どもが主体的に取り組んで、達成感のある充実した活動になると、子どもは自信をもち、就学に向けて意欲的になれます。

　保育者にとっては、見守ることと個別の対応の両方が重要になる時期です。子どもたちの就学に向けてふくらむ期待や不安を十分に受けとめ、小学校入学への期待感がもてるようにしていきましょう。

小学校入学に向けて

小学校進学に期待をもつ子、不安を感じる子など、さまざまな子どもの心にあたたかい視点を当て、具体的な援助を考えましょう。

● 園での育ちを小学校につなげる

　文部科学省は、5歳児から小学校1年生の2年間を「生涯にわたる学びや生活の基盤をつくるために重要な時期」として、「架け橋期」と呼んでいます。そして、「幼保小の架け橋プログラム」の実施に向けて、さまざまな施策を進めるなど、幼保小の接続がますます重要視されています。

　5歳児は、まさに「架け橋期」に当たります。5歳児の子どもたちは園生活のなかで、たくさんのことを経験し、成長してきました。園でのさまざまな子どもたちの育ちが、小学校入学後も切れ目なくなめらかに続くよう、支援が必要です。

＊「幼保小の架け橋プログラムの実施に向けての手引き（初版）」より

幼保小の架け橋プログラム

【事例】 就学前の子どもの心（期待と不安）

　卒園間近のある日、5歳児クラスの子どもたちが、学校ごっこをして遊んでいました。

　机と椅子を並べたら、小学校の完成です。画用紙やひもで作ったランドセルを背負って「登校」し、先生役と生徒役に分かれて問題を出し合うなどする姿が見られました。

　ミカも、友達と一緒に楽しそうに学校ごっこをしていたのですが、急に泣き始めました。リクが近づいて来て「あれー。ホントに泣いてる！」と、はやしたてるように言いました。でも、ミカの様子を見て、しばらくしてから「ごめんね」と、小さい声で言って、少し離れた所で見守っていました。

　ミカは、周りの女児たちに、「あのね、○○小学校に行くの、わたしだけなの。だから、知ってる友達がいない」と言い、また泣き始めました。

　「えーっ！」周りの子どもたちは驚きの声を上げました。ミカの思いに共感し、必死に励ます子どもも出てきました。「お手紙を書くね」「違う学校に行っても友達だもの」と、各々の気持ちを伝え始め、ミカも少しずつ落ち着いてきました。

　　　事例解説

卒園期の5歳児は、今までの遊びや生活の基盤から、さまざまなことに工夫や挑戦をする姿が多く見られます。友達と協力し合って、お互いに励まし合う姿が多々あるなかで、思うようにいかないことで感情が大きく揺れても、友達と共感し、お互いに知恵を出し合い、助けたり助けられたりしながら、さらに成長していく姿が見られます。

● 保育者にできること

卒園前だからこそ、一人ひとりの子どもの様子をあたたかく細やかに見ていくことが大切です。子どもの身体（体調）と心の状態（安心）と友達関係に配慮しましょう。ときおり、複雑な気持ちを抱え、敏感になる子どももいるので、保育者は、笑顔でゆったりとした対応をし、一人ひとりへプラスの言葉かけをしましょう。

◎就学への見通しをもてるようにする

子どもたちの不安を和らげ、見通しがもてるよう関わっていきます。クラスやグループで「質問ごっこ」をしながら、小学校について話すのも一案です。質問に答えるうちに、小学校と園の似ている所や違う所が意識でき、小学校への見通しがもて、不安も和らぐでしょう。

【質問例】
＊おうちの人が迎えに来てくれるのは園？　小学校？
＊園と小学校、どっちの庭が広いかな？
＊友達がいるのは、園？　小学校？　両方かな？
＊○○ちゃんが行く小学校の名前は？
＊なんじごろ寝るといいのかな？　　など

◎自己肯定感がもてるよう関わる

人から感謝されたり認められたりすると、自己肯定感が高まり、自信につながります。友達の「すごいところ」を見つけて伝え合ったり、友達や大人に「ありがとう」を言える機会をつくり、お互いに認め合い、信頼感や自己肯定感を育む関わりをしましょう。

◎「気になる子」のていねいな申し送りを

年齢や時期ごとの姿を具体的に伝え、これまでの支援経過や成長したことを簡潔に小学校に知らせます。必要な配慮事項については、エピソードとともに具体的な援助の方法などを伝えるとよいでしょう。要録だけではなく、面談などの機会も活用して、ていねいに申し送りすることが大切です。

就学に向けた保護者支援

保護者の不安に寄り添う

就学前の時期は、保護者も不安です。わが子が小学校生活に1日も早く慣れてほしいという気持ちでいっぱいでしょう。不安感の強い保護者とは、早い段階で個人面談等の時間をつくり、胸の内を話せるよう聞き役になりましょう。保護者の気持ちに寄り添い、保護者も安心して卒園・就学を迎えられるよう支援していきましょう。

家庭でできる就学準備を伝えるのもおすすめです。1年生のはじめの時期は、安心して通学できることや生活習慣が身についていることが大切になります。家庭での心構えや生活面での配慮、身につけておきたいことを伝えるとよいでしょう。

家庭に伝えたい就学準備

●大人がゆったりと関わりながら対話する
大人の言葉や態度がプレッシャーとならないよう配慮が必要です。大人がゆったりとして、共感の心で対話していくと子どもは安心感がもてます。

●健康で規則正しい生活習慣
早寝早起き、歯磨き、食事、排便などの習慣が身についているか見直します。

●自分のことは自分で
片づけ、整理整頓、衣服の着脱、持ち物の確認などを子ども自身が自分でできるようにします。

●交通安全
通学路や交通ルールを確認します。

●返事と意思表示ができるようにする
「はい」「いいえ」が言えること、嫌なことをされたときは「嫌」「やめて」と意思表示できることが大切です。いじめを防ぐことにもつながります。

全部食べられたよ！

―生活面の自信から自立へと向かったサナの育ち―

給食の時間に、3歳児クラスをのぞくと、おかずとごはんが盛りつけられた器を前に、なにもせず、泣きそうな顔でじっと器を見ている子に気づきました。サナです。

サナは2歳児クラスのときも、保育者に給食を食べさせてもらって、終わると午睡の部屋にトボトボと歩いていきました。食べること自体があまり好きではなかったのかもしれません。また、食事の場面以外でも、表情が硬いことが多く、積極的に活動に参加することも少ないようでした。保育者も、サナの様子を気にかけて、援助の仕方を相談し合ったりしていました。

そんなある日。給食の時間、周りの子がサナに「食べさせてあげようか？」「あ～んする？」と声をかけていました。すると、サナはコクンとうなずきました。アオイが、スプーンの上にごはんとおかずを載せて、サナの口へ持っていくと、サナはツバメのヒナのように大きな口を開けて、モグモグ…。別の子がすぐにスプーンを差し出すと、『まだ口の中がいっぱいだよ』と言うように、口を開けて、指さしています。わたしは、「モグモグ。よくかんで、たくさん食べて大きくなってね」と声をかけ、別のフロアへと移動しました。

サナのこんな昼食時間は、しばらく続きましたが、次第にサナ自身がスプーンを持つ姿も見られるようになってきました。ある日、いつものように部屋をのぞくと、出入口に近いテーブルにサナが座っていて、自分でスプーンを使って食事をしていました。サナの視線を感じて、「今日はごきげんね。ごはん、おいしい？」と声をかけました。頭をコクンとして、ニコニコ顔のサナ。給食の時間はいつも泣き顔だったことを思うと、サナの笑顔にうれしくなりました。

このころから、部屋をのぞくと、サナが空になった器を見せに来てくれるようになりました。表情も和らいで、食べることが"苦"ではなくなってきていることがわかります。そして、それと同時に、クラスのみんなと一緒に、同じようにできることがうれしく、喜びになってきてもいるのでしょう。

サナは、「自分で食べられる」という生活の一場面の小さな自信から、生活全般に自信がもてるようになり、自立へ向かっていったのだと思います。

ここからのサナの育ちは、目を見張るものがありました。ひな祭りのころには、みんなと一緒に歌ったり楽器を担当したり、舞台の上に立って演じたりすることもできるようになっていました。なにより、楽しそうに積極的に過ごす時間が多くなりました。3学期の終わり、部屋をのぞくと、サナは挨拶代わりに飛びついてきて、ケラケラと笑っていました。その姿は喜びに満ちていました。

子どもは、生活面の小さな自信が、大きな成長につながることがあります。サナの育ちを間近で見たことで、子どもたちの姿・表情・言葉から、育ちを読み取って、その子に必要な援助をしていきたいと、あらためて思いました。

幼少年教育研究所 顧問、元幼稚園教諭

辻 澄枝

3章

年齢別・期ごとの
遊びや活動

3章では、2章で示した発達の特性に沿って、
それぞれの期に経験したい遊びや活動の例を紹介しています。
日々の保育にご活用ください。

先生大好き！園大好き！を全身で味わう遊び

☐ いつでもどこでもスキンシップ

子どもにとって保育者が、自分の家族と同じように甘えられる存在になるよう、スキンシップをたくさんする。ニコニコ笑顔で抱きしめられたり、手をつないだり、膝の上で絵本を読んでもらうなどして、保育者の優しさを十分に感じる。

☐ 保育者と一緒に体を動かして遊ぶ

保育者と一緒に、体を動かして遊ぶことが大好きな子どもたち。体全体を使って開放感を味わったり、保育者にくっついて緊張感をほぐしたりしながら、保育者と一緒にいることを喜び、信頼感を深める。

おすすめの遊びや活動

触れ合い遊び
こちょこちょ・お膝で滑り台　など

手遊び・歌遊び
「チューリップ」「たまごをポン！」「5つのメロンパン」など、保育者の声を聞いて安心しながら、心地よいリズムや言葉に親しみ、保育者とのコミュニケーションを楽しむ。

手をつないでお散歩
保育者と手をつないだり、一緒に草花を見たりして、そばで過ごすことを楽しむ。

おすすめの遊びや活動

固定遊具で遊ぶ
滑り台やブランコなどで、全身を使って体を動かすことを楽しむ。

ボール遊び
柔らかいボールやぬいぐるみを、保育者とキャッチし合う。「〇〇ちゃ～ん」「△△先生～」と名前を呼び合いながら、心もキャッチボール！

追いかけっこ
「〇〇ちゃんまてまて～」「先生まてまて～」と保育者と子どもが名前を呼びながら、追いかけたり追いかけられたりするだけで、自然に心も体も動く。

☐ 感触・感覚的な遊び

柔らかく心地よい素材の感触や、繰り返される音や香りのある遊びは、子どもの五感を刺激し、心を安定させる。遊びを繰り返すことにより心地よさが高まり、自分はここに受け入れられているという感覚につながって、園に自分の居場所ができていく。

☐ 自然のなかで遊ぶ

芽吹きの草花や木々の匂い、さわやかな風、広がる空の心地よさのなかで、子どもたちも体を動かしたくなる。自然と関わりながら、走る・よじ登る・ぶら下がるなど全身を動かして、心も体も開放していく。

☐ ごっこ遊び

家での生活を再現して自由に遊べるままごとコーナーや、料理ごっこを楽しめるキッチン、ヒーローやアイドルになれるアイテムなどを準備。子どもたちがイメージした世界で、なりきって遊ぶ楽しさを味わう。

おすすめの遊びや活動

小麦粉粘土・紙粘土

柔らかい感触や、形が自由に変化するおもしろさを味わえる粘土で遊びながら、安心感を感じる。

泡あわ遊び

泡立て器やボウルを使って、せっけん液を泡立てる。道具が触れ合う音やせっけんの香り、ふわふわの泡の感触を楽しむ。

クレパス遊び

クレパスを使って、紙に自由になぐり描きをする。ぐるぐると手を動かす感覚を楽しむ。

おすすめの遊びや活動

風と走ろう！

風になびくこいのぼりやリボンを棒に付けて、風を感じながら走る。マントを着けてヒーローになって走れば、気分は上々。

草花もお友達

花壇やプランターの花に、小さなじょうろで水やりのお手伝い。水を雨のように降らせて、花や葉っぱに当たる様子を見ながら、花とおしゃべりするのも楽しい。

**小動物の形や動きに
おもしろさを感じる**

ダンゴムシ・オタマジャクシ・カメ・ザリガニなどを観察したり触ったりして、形や動きを楽しむ。

おすすめの遊びや活動

おうちごっこ

数人で場を共有しながら、なりたい役になり、おもちゃの食べ物や、砂・水を使ってお料理ごっこをするなど、イメージして楽しむ。

乗り物ごっこ

段ボールの乗り物に入って、自分の場を確保しながら友達と遊ぶ。

変身グッズ

エプロンやドレス、ヒーローのマントなどを身に着け、なりきって遊ぶ。

物と関わり、興味・関心を広げて遊ぶ

☐ 興味・関心のある遊びを広げる

園内のおもちゃや園庭の遊具、生き物などに、「あれ、なんだろう？」と興味を示す。動く物や、自分の思いどおりに操作しやすくて変化する物に飛びつき、感覚的におもしろそうな物を見つけては試す。

おすすめの遊びや活動

思いっきりかけっこ
さわやかな風を感じながら、体を動かす楽しさを味わう。保育者と一緒にいることがうれしく、友達と同じことをして楽しむ。

生き物に触れる
ダンゴムシ・メダカ・カメ・チョウ・テントウムシ・オタマジャクシ・バッタなど、動く物に目を輝かせ、その動きを見て触って確かめる。

片づけ大好き！ 道具洗い
使った砂場のおもちゃの汚れが、水の中で落ちていく気持ちよさ、種類を分別するおもしろさ、たわしやスポンジを使ううれしさなどを味わう。

☐ 感覚・感触遊びを存分に味わう

肌や指で物の感触を確かめ、体全体で感覚を覚え、その心地よさを求めて、繰り返し行うことにおもしろさを感じる。水や土、色の変化も意外性や発見があり、おもしろがる。やりたいことを思う存分にやることで心が満たされるため、没頭できる遊びを行う。

おすすめの遊びや活動

「ひゅー、ストン」ひも通し
ビーズの穴にひもを通そうと集中する。ひもが穴を通り抜け、ビーズがするっとすべっていくときの感覚を楽しみながら、首飾りを完成させる。

洗濯遊び
せっけんを泡立てて、おままごとの人形の洋服や、泥んこになったハンカチをきれいにする。せっけんのヌルヌルや泡の感触、きれいになった達成感を味わう。

色水遊び
絵の具でいろいろな色水を作り、ペットボトルに入れる。カップやスプーン、じょうごなどを用意して、赤い水と青い水を混ぜたら紫の水になるなど、科学実験のような変化を楽しむ。

☐ 素材や道具を使って遊ぶ

感触や感覚を楽しむ遊びにバリエーションを増やし、道具を使って遊ぶことで、さらに遊びの幅が広がる。道具を自由に操作できる楽しさを十分に味わい、できあがる物の違いに不思議さやおもしろさを感じながら、何度も試行錯誤して遊ぶ。

☐ 保育者や友達と 一緒に遊ぶ

自分の周りに、おもしろいことをしている人がいると、まねをして同じことをしようとする。友達と一緒に遊ぶと楽しいことがわかり、友達の刺激を受けて、やりたい・作りたいことを楽しみ、好奇心いっぱいに遊ぶ。

おすすめの遊びや活動

絵の具を使って描画

スタンプ・フィンガーペインティング・たんぽ・ローラーなど、さまざまな道具を使い、それぞれの感触を味わいながら自由に描く。

ハサミで続け切り

ひと裁ち切りに慣れてきた頃、10cm四方くらいの紙を続け切りして、細長い短冊を数本作る。保育者がシャワーの絵を描いておいた画用紙に、のりで短冊を貼る。シャワーに見立てて、友達にかけるまねをして遊ぶ。

新聞紙遊び

大きな新聞紙をクシャクシャに丸めたり、保育者と引っ張りっこをしたりして、全身で遊ぶ。その後、ビリビリ破いたり、細かくちぎって雨やシャワーにしたり、たくさん集めた中に飛び込んだりして楽しむ。

おすすめの遊びや活動

おにごっこ

保育者がオオカミのお面を着けて、「オオカミだぞ〜」と言えばすぐ、おにごっこの始まり。保育者が「○○ちゃん、捕まえた！」とスキンシップをするのもうれしい。

リズムを楽しむダンス

「アブラハムの子」「ホ！ホ！ホ！」など、自然に動きたくなる心地よいメロディーを鳴らし、保育者や年上の子の動きをまねて、リズムに乗って動く。

変身遊び

布や風呂敷を使ったマントに、新聞紙を丸めた剣やお面を着けたら、ヒーローに。本物のドレスやカラーポリ袋のスカート、広告紙を丸めたステッキを持ったら、アイドルやヒロインに。物を使ってなりきり、変身ごっこを楽しむ。

この期に経験したい遊びや活動

やりたい遊びを見つけ、遊びを楽しむ

☐ 体を使い夢中になって遊ぶ

身体の動きがスムーズになり、バランスもよくなるこの時期。目と手の協応もかなり進むようになる。全身を使った遊びや、細かな作業にも意欲的になる。できたことをほめられることで、認められた心地よさを感じる姿が見られる。

歩く　　くぐる

跳ぶ　　ジャンプ

おすすめの遊びや活動

園庭サーキット遊び
普段から遊んでいる園庭の遊具を、はじめは保育者が先頭になって巡る。遊具と遊具の間は、ベンチやフープを使って上を歩くなど、周遊コースを作るとよい。

プールで遊ぶ
暑い時期に全身で水に触れて、気持ちを開放させて遊ぶ機会をつくる。肌で感じる水の感覚は、この季節ならではの体験。

空き箱製作
いろいろな素材で工作を楽しむ。セロハンテープを切れるようになるので物と物をくっつけたり、ハサミで紙を切ったりと、思うように手先を動かすことを楽しむ。

☐ 友達や保育者と一緒の遊びを楽しむ

毎日遊ぶなかでいろいろな友達がいることに気づき、まねから遊びが始まることもある。友達がしていることなどの情報をキャッチすることが上手になり、友達と一緒に遊ぶことが心地よく、簡単なルールのある遊びもおもしろがる。

タッチ！鬼だよ

おすすめの遊びや活動

おにごっこ（増やしおに）
はじめは保育者が鬼になり、子どもたちを捕まえて、捕まった子は鬼になり、鬼が増えていく。全員捕まったら次は保育者が逃げて、子どもが追いかける。

「オオカミさん、今何時？」
保育者の歌に合わせて、繰り返しの遊びをみんなで楽しむ。「夜中の12時！」で逃げることを、スリルを味わいながら楽しむ。

虫探し
園庭にいる小さな虫を探して、虫かごに入れる。どこにいたかの情報を交換する姿もある。虫めがねなども用意しておくとよい。

☐ みんなのなかで自分を出す

集団生活にも慣れてきて、みんなのなかで目立ちたい、認められたいという気持ちが出てくる。それぞれがしっかり自己主張できる場面をつくり、自信へとつなげていく。

☐ イメージを広げる

友達に興味をもち、声をかけて会話しながら一緒に遊ぶようになる。言葉も増え、イメージを共有できるようになってきたことで、遊びが継続する時間も少し長くなる。

☐ お手伝いに取り組み、認められて喜ぶ

遊びや生活のなかで、自分の思いや考えを表現する経験や、クラスの仕事を任される経験を通して、認められる満足感を味わい、意欲的になる。

おすすめの遊びや活動

夏の思い出を発表する
台とマイク（紙筒で作る）を用意して、みんなの前で夏のできごとを話す。その後、みんなからの簡単な質問に答える。

歌・ダンスを発表する
みんなの前で歌やダンスを発表する場を設定する。曲を流すと何人もが前に出てきて、発表会のようになり、見てもらうことにも喜びを感じる。

砂場で大きな山を作る
これまで個別に遊んできた砂場で、みんなで一緒に山を作る。1人より数人の力が集まることで、大きな山を作れることを喜ぶ。

おすすめの遊びや活動

「大きなかぶ」ごっこ
たくさんの登場人物のなかから、なりたい役を自分で決めて、役になりきる。いろいろな役が次々とつながって、最後はみんなでかぶを抜くことを楽しむ。

美容室ごっこ
鏡の前にお客さんを座らせて、髪をセットする。美容師のイメージを自分たちなりに考えて、身近な物を道具に見立てて遊ぶ。

運動会ごっこ
上の年齢の子のリレーや玉入れを見て、まねをする。見よう見まねで同じようにやってみて、気分を味わって楽しむ。

おすすめの遊びや活動

「よ～いドン！　どこまで走る？」
「どこまで走る？」と問いかけ、ゴールを子どもたちが決める。「次はどこまで？」と変化をつけ、距離を延ばしても楽しい。

「お手伝い、お願いします！」
いつも保育者がする仕事を手伝ってもらう。手紙を配る、机を拭くなど、やりたい子が大勢いても対応できるような手伝いを選ぶとよい。

フープに挑戦
年上の子どもたちが遊ぶ姿に刺激され、同じようにやってみようとする。腰で回したり、どこまで転がっていくか距離を競ったりして楽しむ。

友達と一緒に 同じ場所で同じ遊びを楽しむ

☐ 十分に体を動かして遊ぶ

四肢の動きがスムーズになり、走ったり、ジャンプしたりすることを楽しむ姿が見られる。さまざまな動きを体験できる環境を整えて、遊びながら動きを獲得できるよう配慮する。三輪車やスクーターなども喜んで使う。

おすすめの遊びや活動

運動会ごっこ
列に並び、スタートからゴールまでのかけっこや、走る・止まる・くぐるなど、さまざまな動きの入ったかけっこをする。

ダンスを踊る
リズム体操や運動会でするダンスなど、みんなで体を動かして楽しむ。他年齢のダンスに挑戦するのも楽しい。

玉投げ遊び
たくさんの紅白玉を色別に分けたり、的やかごを目がけて投げ入れたりして遊ぶ。的を動物にしたり、玉の量を見えるようにするなど、楽しめる工夫をする。

☐ 意欲をもち、遊びを楽しむ

園内での行動範囲が広がり、興味をもった遊びに積極的に参加するようになる。また新しいことにも「やってみたい」と意欲が出るので、挑戦できる遊びや環境を準備する。

おすすめの遊びや活動

しっぽとりおに
腰にしっぽを付けて、取られないように逃げる。しっぽを洗濯ばさみに付けて作ると、取った・取られたことが感覚でわかる。

クッキング
だんごを丸める、パンにジャムを塗りサンドイッチを作るなど、1つの作業でできる料理に挑戦。自分で作ったものを食べる体験は特別なものになる。

楽器遊び
すず・カスタネット・タンブリンなど、自分で操作して音が出る打楽器に挑戦して、音楽に合わせて演奏して楽しむ。

☐ イメージを共有して遊ぶ

友達との遊びが充実する時期なので、関わり合って遊べるコーナーやごっこ遊びのアイテムなどを準備して、落ち着いて遊べるように配慮する。遊びへの目的が出てくるので、子どもの興味を観察して遊びを提案する。

☐ 会話する楽しさを味わう

子どもの話したい気持ちを実現でき、認められる機会を多く設ける。聞いてもらえる体験や、興味のあることがあふれている環境が、子どもの語彙力や表現力につながる。

☐ 友達から刺激を受けて　一緒に遊ぶ

友達の遊びや、していることに刺激を受けてまねしたり、一緒にいる雰囲気を楽しんだりする。一緒の時間・場所・イメージを楽しめる遊びを提案すると、共感性が高まる。

おすすめの遊びや活動

電車ごっこ
フープや段ボール箱をつなげて電車を作る。線路や踏切があるとイメージが広がり、動きながら会話のやりとりが生まれる。

じゃんけん遊び
じゃんけんをベースに、「おはじき取り」「王様じゃんけん」「一本道じゃんけん」など、友達と関わりながら勝ち負けを楽しむ。

「触ってみよう、当たるかな?」
箱や袋の中が見えない状態で、手で触って中身を当てる。コップなどの日用品や、たわしなど特徴のある感触の物がよい。

おすすめの遊びや活動

やりとりを楽しむ遊び
「タッチタッチなあに」でタッチするものを決めるなど、鬼と逃げる子とで言葉のかけ合いのある遊びを行い、友達との言葉のやりとりを楽しむ。

クイズ大会
「好きな色はなんでしょう」「耳の長い動物は?」など子どもが問題を出し合って答える。マイクや発言する台があると誇らしい気持ちで、すすんでやりたがる。

わらべうた
一緒に歌を歌うことで声をそろえたり、相手の歌や動きに応答したりして、自然なやりとりでリズム感や心地よさを味わう。

おすすめの遊びや活動

近くの公園に遠足
秋のきれいな空や紅葉、どんぐり拾いなど、自然を感じることができる時期にみんなで散歩し、気持ちよさを共感する。交通ルールも確認する。

「ぞうさんとくもの巣」
歌に合わせて歩き、名前を呼ばれたらつながり、だんだん列が長くなる遊びを楽しむ。名前を呼ばれるうれしさと、友達と一緒にいる楽しさを感じる。

落ち葉プール
落ち葉を1か所に集めてプールに見立てる。落ち葉をまいて降ってくる様子を楽しんだり、足で踏んでふわふわの感触を味わったりする。

3歳児 5期

自己充実期

友達と遊びを共有しながら、自分も楽しんで遊ぶ

☐ 体を動かし、持続的に遊ぶ

体力や持久力がつき、おにごっこやアスレチックなど、継続的に体を動かして遊ぶようになってくる。身のこなしもスムーズになり、外で体を動かすことを楽しむ姿が見られる。できたことをほめてもらうことで、認められる心地よさを味わう。

おすすめの遊びや活動

リレーゲーム
ルールのあるかけっこ遊び。チーム対抗で行い、かけっこや両足跳びなど、いろいろな走り方で競い、ルールのあるおもしろさや、勝ち負けを楽しむ。

アスレチック遊び
登る・ぶら下がる・滑る・跳び降りる・バランスを取るなど、腕や足の筋力をはじめ全身を使って、体の使い方を楽しむ。

いろいろ遊べる縄遊び
縄は単純な素材でありながら、さまざまな見立て遊びができる。ヘビ・しっぽ・頭に載せて帽子・縄の上を歩く・跳ぶなど、遊び方を工夫して楽しむ。

☐ 仲間とともにごっこ遊びを楽しむ

仲間関係が深まり、言葉でのコミュニケーションがスムーズになってきたことで、友達と共通のイメージをもって遊びを進めていく姿が見られる。また、役になりきるための小物を自分なりに作り、身に着けたりすることを楽しむ。

おすすめの遊びや活動

劇ごっこ
お話を聞いて、そのストーリーを友達と共有しながら遊びを展開していく。お面やステッキなど、役になりきるアイテムを描いたり、作ったりする。

おうちごっこ
数人の友達と一緒にイメージを共有しながら、自分のなりたい役を選び、なりきって楽しむ。積み木で家を作ったり、衣装を作ったりする。

お店屋さんごっこ
自分のやりたいお店を考え、廃材や素材を使って品物を作る。お店の人とお客さんになり、やりとりを楽しむ。

☐ お正月遊びを楽しむ

集中力が増して、遊びの持続時間が長くなり、1つの活動や遊びに継続して取り組むようになってくる。また巧緻性が高まることで自信がつき、難しいことにも諦めず繰り返しチャレンジする姿が見られる。

☐ 素材を使ってお正月遊びの道具を作る

手先が器用になり、ハサミやセロハンテープなどの道具の扱いが上手になってくる。お正月遊びをおもしろくしようと、自分なりに考えたり工夫したりして作る。

☐ 楽しんで行事に参加する

先の見通しが立つようになり、2学期後半から行事を楽しみに待つ姿が見られる。1月・2月・3月は季節の行事が多く、行事の体験から季節感を感じたり、進級への期待を抱く。

おすすめの遊びや活動

たこ揚げ
たこを高く揚げるために思いきり走る。近くの公園や土手など広い場所に行き、活動できる環境を考える。

こま回し
いろいろな種類のこまを用意し、回し方の違いなどを楽しむ。カードを作り、回せたらシールを貼るなどして達成感を高める。

「ぼうずめくり」
百人一首の絵札を裏返しにし、数人で1枚ずつめくって中央に積む。ぼうずが出たら積んでいたカードを全て引き取る、スリルを楽しむ遊び。

おすすめの遊びや活動

かるた作り
画用紙を1/2に切ったものに、子どもが好きな絵を描いたかるたで遊ぶ。保育者は子どもが描いた絵の話を聞き、それをヒントに読み言葉を考える。保育者のまねをして、自分で考える子も出てくる。

たこ作り
スーパーのレジ袋などに絵を描き、持ち手の部分にひもを付ける。風がなくても走れば揚がるので、楽しみやすい。

こま作り
丸く切った段ボール紙や厚紙に子どもが絵を描き、真ん中につまようじを刺すだけの、簡単なこまで楽しむ。

おすすめの遊びや活動

豆まき遊び
豆を入れる三宝を作り、紙を丸めて作った豆をまいて、豆まき遊びをする。また鬼のお面や、友達と一緒に立体の鬼を作り、節分の日に豆まきを楽しむ。

ひなまつり
ひなまつりの絵本や歌を楽しみ、意味を知って園のみんなでおひなさまを飾ったり、それを見ながらおひなさまの製作や絵を描く。

お別れ会
一緒に遊んだり活動したりした5歳児に、卒園のプレゼント（バッジやブローチなど）を作って渡す。

4歳児 **1** 期
不 安 と 戸 惑 い 期

好きな遊びを通して新しい環境に慣れ、安心して遊ぶ

☐ 心地よい感触を楽しむ

　手触りなどの感触のよい遊びは、その心地よさから、不安を和らげ緊張を解きほぐす効果がある。感触遊びを通して、一人ひとりのペースで新しい環境に慣れていく。

おすすめの遊びや活動

小麦粉・紙・油粘土
柔らかな感触を味わえる小麦粉粘土や米粉粘土、形成のしやすい紙粘土、道具を使うおもしろさのある油粘土など、素材の特性を生かして、1人でも楽しめ、その場の友達との共感もできる粘土遊びを取り入れる。

砂遊び・泥遊び
1人で砂のいろいろな感触を味わったり、3歳児からの友達と並んで型抜きをしたり、白砂を集めたりして、砂や泥の感触を楽しむ。

花びら集め・ダンゴムシ集め
園庭に散った花びらやダンゴムシを集めながら、春の日ざしや風の心地よさを感じる。我を忘れて集中する心地よさも味わう。

☐ 進級の喜びや意欲が刺激される当番活動

　大きくなった喜びと意欲的な姿が見られる一方、遊びが優先し、生活習慣がおざなりになることもある時期。「○○組ならではの当番活動」と特別感を伝えると、意欲満々で取り組む。

さすが！

おすすめの遊びや活動

カメの世話
新入園児にたくさん触られたカメの世話をすることを伝える。カメをねぎらいながら、保育者と一緒に餌やり、散歩やシャワー、たらいの掃除などを行う。

郵便屋さん
園内の部屋の配置を把握しているので、小さいクラスに落とし物を届けたり、事務室に欠席カードを提出するなど、郵便屋さんの役割を進んでする。

おもちゃの片づけ
片づけをして、「おもちゃをおうちに戻せたね。おもちゃが迷子にならなくてよかったね、さすが○○組さん！」などと認められると、より張り切って行う。

☐ 気の合う友達と安心して遊ぶ

新しい環境に慣れるまでは、心のよりどころとして気の合う友達と一緒にいたいもの。クラスが変わっても前年度からの気の合う友達と過ごすことで、気持ちの安定を図る。

☐ 体を動かし、心身を開放して遊ぶ

新学期の緊張と不安で、体が硬くなっている子どももいる。思い切り体を動かして発散し、体と心が開放されていくと、肩の力が抜けて周囲の友達を見る余裕が生まれる。遊びの楽しさを共有することで会話が始まり、新たな関わりが生まれる。

☐ 友達と一緒に自分を出して遊ぶ

遊びや生活のなかで、個々の思いや考えをみんなのなかで伝え、表現する経験や、クラスの仕事を任され認められる満足感を味わい、意欲的になる。

ここ
玄関ね

おすすめの遊びや活動

前年度からの遊びの継続
ジャングルジム・ブランコ・滑り台・室内のブロック・パズル・お絵描き・製作コーナー等、慣れ親しんだ遊びを存分に行う。

ごっこ遊び
ヒーローごっこやお姫様ごっこの小道具を作ったり、遊びの場を設定したりして、イメージを共有しながらなりきることを楽しむ。

園内探検スタンプラリー
気の合う友達と園内の3〜4か所を巡るスタンプラリー。カードを持って事務室や絵本の部屋などを回る。保育者や職員を指定して探すと、親しみも増す。

おすすめの遊びや活動

みんなで体操
憧れの5歳児が運動会などで披露した体操やダンス、普段からお気に入りの体操やダンスなどをメドレーにして、思い切り動く。

こいのぼりで風を感じる
自分で作ったこいのぼりを手に、園庭を縦横無尽に走って泳がせる。自分のこいのぼりは見えなくても風を感じ、爽快感を味わう。

サーキット遊び
巧技台・マット等で簡単なサーキット遊びを設定。線上を歩いたりフープをくぐったりして、ジャンプ後にはポーズを決めて、アピールするのも楽しい。

おすすめの遊びや活動

廃材遊び
空き箱やロール芯などを組み合わせて、ヒーローごっこのアイテムにしたり、車や飛行機、人形などを作り、イメージを形にして楽しむ。

プレイコーナー
パズルや積み木、折り紙や塗り絵などに1人でじっくり取り組んだり、気の合う友達と一緒に遊んだりする。できたものを認められる満足感も味わえる。

ソフト積み木などのコーナー
慣れ親しんでいるソフト積み木のコーナー。気の合う友達数人と一緒に、いくつか組み合わせて、家・基地・お城・学校などに見立て、ごっこ遊びが始まる。

友達との交流を楽しみ、自分を発揮して遊ぶ

☐ 自分の得意なことを発揮できる遊び

子どもたちにはそれぞれのよさがあり、一人ひとりが得意なことを発揮する遊びを見つけると、十分に充実しだす。材料と道具があれば1人でも遊び込める環境を用意する。

おすすめの遊びや活動

ハサミ名人コーナー

安全に配慮した場所に、ハサミと、切るとすてきな形になるように工夫した紙を多めに用意しておく。自分のペースで切ることを存分に楽しむ。

たくさん虫探し

友達に優位性を示したくて、たくさん虫を捕まえる傾向にある。ペットボトルや箱で簡単な虫かごを作ってそれぞれが持ち、仲間とともに虫探しをする。

廃材製作コーナー

心に浮かんだイメージがうつろいやすいので、作りたいと思いついたらすぐ探せる場所に、材料と道具を用意しておき、イメージを形にできるようにする。

☐ 自分のアイデアを発揮できる遊びや活動

平衡感覚が育ち、全身のバランスもとれてきた。自分の力を試したがるので、人に向かって「どうだ」と誇示したくなるような少し難しい遊びを提示する。難しいことや知識を披露するような形で、優位性を発揮できる遊びを設定する。

おすすめの遊びや活動

動物椅子取りゲーム

ジェスチャーをして動物になりきりながら、椅子取りゲームをする。2つのことを同時に行う難しさに魅力がある。動物を提案し合うのもよい。

さまざまな歩き方で移動

クラス内で移動するときに、つま先立ちや片足ケンケンなど、自分の考えたやり方で移動する。その発想や楽しさを認める。

ホッチキス遊び

ホッチキスは指先の力が必要で、扱いが高度な道具。細長い紙を丸く留めたり、長くつなげるなど、自分なりの発想で自由に使う。

☐ 友達と一緒の楽しさを味わう遊び

友達と一緒に遊ぶことで、仲間の一員である楽しさを体や心で感じとる。イメージを共有したり友達から刺激を受けたりして、よりおもしろく楽しめるが、自己中心性が強いため、保育者の援助はまだ必要である。

☐ 自分の考えを安心して伝え合う活動

自分の感じたことや考えたことを伝える楽しさを経験する。受け入れられ、安心できる環境をつくり、お話をイメージして役になりきったり、言葉のやりとりでのコミュニケーションを楽しむ。また、物語の世界を楽しみながら、物の見方や考え方を知る機会とする。

☐ 不思議さや変化を楽しむ感覚を使った遊び

不得意なことはやりたくないが、おもしろそうなことには興味をもってやってくる、この期の子どもたち。感覚的な遊びを通して不思議さや心地よさを友達と共感したり、自分なりの発想や理屈づけにつなげていく。

おすすめの遊びや活動

保育者と一緒におにごっこ
色おにや氷おになどで誰が鬼をするかを話し合い、逃げたり追いかけたりするなかで、敏捷性・瞬発力を発揮して、仲間と遊ぶ楽しさを体感する。

ごっこ遊び
イメージが明確になるため、そのイメージを再現しやすいように、遊びが広がる道具や、子どもが要求する材料をすぐ手に入れられる環境・援助を用意する。

遊びランド作り
身の回りの遊具を利用して、登る・渡る・くぐるなどの動きが楽しめる環境を構成する。遊びが進むにつれて、遊び方のルールを変化させていく。

おすすめの遊びや活動

席やグループを決める
自分の席が決まっていたり、生活グループがある環境は、クラスのさまざまな関係性のなかで、活動の際に悩まずに行動できるため、安心した秩序が生まれる。そのような場を決める活動を行う。

想像性豊かな絵本や紙芝居
絵本の語彙や言い回しを通して、豊かな言葉に触れ、感じたことを話したり表現したりする。物語の未知の世界のおもしろさを味わい、イメージを広げる。

言葉遊び
占い遊び「おなべふ」、「あ」のつく言葉探し、お話つなげ遊び、もしも遊び（「もしもゾウだったら」「もしもゾウと友達だったら」）など、言葉を使って楽しむ。

おすすめの遊びや活動

絵の具遊び
デカルコマニーの偶然性・はじき絵の不思議さ・野菜のスタンプ遊びの意外性など、絵の具を使った遊びでさまざまな感覚を楽しむ。

色水遊び
ままごとの延長で遊ぶ草花の色水遊びや、ビニール袋に草花を入れ、もんで変化を楽しむ色水遊びなど、生活感覚の再現や科学的なおもしろさを味わう。

ダンスで身体表現
イメージしやすく、リズミカルで動きが広がる効果音を選定し、サルなどの模倣しやすい動きを身体で表現して楽しむ。バリエーションを増やしていく。

この期に経験したい遊びや活動

友達に刺激を受けて 取り組み方を広げる遊び

☐ みんなのなかで 自己を表出し、表現する

遊びや生活を通して、自分の思いや考えをみんなのなかで伝え、表現するようになる。こうした経験やクラスの仕事を任されることで認められる満足感を味わい、意欲的になる。

ありがとう

おすすめの遊びや活動

当番活動
クラスの仕事を任され、その仕事ぶりにクラスの友達から「ありがとう」の言葉を受ける喜びや、やり遂げた達成感を味わう。

インタビューごっこ
その日に遊んだこと・見つけた物や作った物・行事で経験した感想などを、子ども一人ひとりがインタビュー形式で話し、伝え合う。

紙芝居作り
絵本の読み聞かせの後、個々に好きな場面や登場人物などを描き、描いた場面をストーリーに合わせて順番に重ねて、紙芝居にする。

☐ ごっこ遊びを通して イメージを出し合い共有する

ごっこ遊びを通して、個々の経験や興味のイメージを友達と共有する。必要なアイテム作りや場づくりを通して、友達のアイデアに刺激を受け、自分なりにアレンジして遊ぶ。

おすすめの遊びや活動

経験を通したごっこ遊び
お店や病院など、実際に子どもが生活で経験したことを再現する。商品や薬などのアイテムや、テーブルや待合室など場のスペースをつくって遊ぶ。

役になりきる
廃材でお気に入りのキャラクターの剣やベルトを作り、アイテムやドレスを身に着けるなどして、配役を決めて役になりきり、お決まりの言い回しのやりとりを楽しむ。

お話ごっこ
絵本や紙芝居を見て、登場する人物などから好きなものを描き、ペープサートにしてお話ごっこをする。

☐ 友達がすることに興味をもち、試してみようとする

友達を意識し、つながりをもとうとする子どもたちは、友達と一緒に遊びながら相手の言動に関心をもち、同じことを試してみたり、自分なりにアレンジを加えて遊ぼうとする。

☐ 四肢を使い体を十分に動かす

四肢に力が増し、つかんだり、ぶら下がったり、跳ねたりする動きが巧みになる。また、体のバランスがとれるようになり、動きが滑らかになって積極的に体を動かす。

☐ ルールを共有しながら遊びや活動に取り組む

友達との結びつきを強くもとうとするこの時期、個々に思いを主張し、お互いの気持ちに気づきながらルールを共有し、イメージをすり合わせて、遊ぶようになる。

おすすめの遊びや活動

色水遊び
赤や黄、青などの色水を混ぜ合わせ、偶然にできた色に驚き、そのできあがりを友達に見せて、混合した色を教え合ったりする。

虫探し
見つけた虫をクラスで紹介し、虫の種類や生息場所などを話題にすることで、クラスのなかで興味の輪が広がる。

友達を描こう
2人でペアになり、相手の顔を描く。輪郭や目鼻立ち、表情などを捉えることで、友達により興味がわくきっかけになる。

おすすめの遊びや活動

水遊び（プール）
水の中でしっかりと立ったり、肩まで浸かってしゃがんで歩いたり、フープくぐりや宝物拾いなどの遊びをして、積極的に水の中で体を動かして遊ぶ。

リレー遊び・かけっこ
5歳児の姿に憧れをもち、保育者と一緒にリレーやかけっこに意欲的に取り組む。

鉄棒
飛びつき・ぶら下がり・前回りなど、自分の好きなスタイルを子どもどうしで見せ合う。鉄棒への興味が広がり、やってみようとする意欲になる。

おすすめの遊びや活動

フルーツバスケット
共通のルールを楽しみながら、鬼になったときに自分が大勢の注目を集め、お題を言うと、みんなが動き出すおもしろさを楽しむ。

いろいろなおにごっこ
バナナおに・氷おに・かくれんぼなど。鬼を決める方法や、逃げる・追いかける・タッチするなど、ルールを決めて、友達と遊びを楽しむ。

街探検
商店街に買い物に出かけたり、地域の公園に遊びに行ったりする。地域の人々との触れ合いや、交通ルール、公園やお店でのマナーを知るきっかけにもなる。

4歳児 4期

仲間意識期

仲間関係が深まるなかで、友達と意欲的に遊ぶ

☐ 自己主張し合いながら、自分や友達を知っていく

話し言葉が豊かになり、状況を説明したり、自分の考えを表現しようとする。また、友達の話や気持ちを聞く力が育つ。

おすすめの遊びや活動

Show &Tell

その日に遊んだこと・見つけた物・作った物・「自分の好きな○○」など、テーマを1つ決め、朝の会や帰りの会で発表をする。聞いている子どもは、発表に対して質問をしていく。最初はスムーズにいかないことも多いが、しだいに話すこと・聞くこと・質問することを楽しんで進められるようになっていく。

グループの名前決め

行事のグループなど、自分たちのグループの名前を、友達と話し合って決める。クラスで野菜・果物・動物など、テーマを絞って話し合ってもよい。

☐ 想像やイメージの世界を広げる

想像力が豊かになり、絵本やごっこ遊びのなかでイメージをふくらませ、物語を自分なりにつくったり、友達と一緒にイメージを共有しながらごっこ遊びなどをする。

おすすめの遊びや活動

絵本の内容から気持ちを考える

さまざまな気持ちを題材とした絵本をみんなで見て、ケンカをしたときの気持ちや思いやりの気持ちなど、いろいろな気持ちを想像し、知っていく。

忍者ごっこ

忍者を題材にした絵本を通して、手裏剣を投げるポーズや変身の術など、いろいろな修行のイメージをふくらませ、ごっこ遊びを行う。

劇づくり

絵本の話を題材に、登場人物のせりふや小道具、衣装などを、保育者とともにどんなものがよいか考えながら劇（遊び）をつくっていく。

☐ 決まりの大切さに気づき、守ろうとする

園生活のなかで、みんなが心地よく、楽しく過ごすためには、ルールや決まりなど秩序を守ることが大切だということを理解し始める時期。ルールのある遊びや順番（決まり）を守る活動を自ら経験できるようにする。

おすすめの遊びや活動

花いちもんめ
2チームに分かれ、横一列に向かい合って並び、歌に合わせて前後に動く。相手チームのなかで1人を指名し、じゃんけんをして勝ったチームに入る。

どろけい
警察チームと泥棒チームに分かれ、警察チームが泥棒チームを追いかける。捕まった泥棒は牢屋に入れられ、全員捕まったら終了、こうしたルールを共有する。

当番活動
お弁当や給食時に、グループごとに当番を決め、お茶を配るなど配膳の準備を行う。

☐ 全身を使って、個人でも集団でも意欲的に遊ぶ

全身の運動機能がますます向上し、意欲的に体を動かして遊ぶ。おにごっこなどの集団で行う遊びも、竹馬・登り棒などの個人で行う遊びも、両方楽しむ。

おすすめの遊びや活動

ケンケンおにごっこ
通常の走って捕まえるおにごっこだけではなく、アレンジを加える。片足でケンケンしながら逃げたり捕まえたりすると、普段と異なる体の部位を使う。

大縄跳び
大縄に1人ずつ入り、好きな数を跳んだり、歌に合わせて跳んだりする。待っている子も、友達が跳ぶリズムに合わせて数を数えたり、歌を歌ったりして一緒に楽しむ。

縄跳び
個人差に配慮しつつ、しだいに難易度を上げてチャレンジできるようにする。例えば、縄を片側の体側で回す・前跳び・後ろ跳び・駆け足跳びなど、1つ成功したら縄跳びカードにシールをもらって、意欲を高める。

この期に経験したい遊びや活動

気持ちを調整しながら思いを伝え合って遊ぶ

☐ 経験や絵本をもとにしたごっこ遊び

友達と遊びたい思いが強まる一方で、大まかなイメージは共有されていても、それぞれのしたいことは少し違っていることも多い時期。同じ場で同じようなイメージでも、個々のペースが保てるような環境を設定する。

おすすめの遊びや活動

ままごと
家庭でのできごとを、ごっこ遊びで再現して遊ぶ。冬休みに出かけた場所や買い物に行った場所でのできごとを再現することもある。

海賊ごっこ
絵本やメディアなどのイメージを再現して遊ぶ。ごっこ遊びの前に、絵本の読み聞かせをするとイメージを共有しやすい。

忍者ごっこ
身体のバランス感覚が向上する時期でもある。「○○の術」と名づけて、忍者になったつもりで速く走ったり、平均台を渡ったりしても楽しめる。

☐ 作った物をごっこ遊びで活用する

手指の巧緻性も高まり、さまざまな物を工夫して作って楽しむ。製作コーナーなどで作った物を使って遊ぶことができるように、自由に使ってよい素材や道具に加え、それを使って遊べる場も準備する。

おすすめの遊びや活動

恐竜・動物園ごっこ
空き箱などで恐竜や動物を作った後、作った生き物を飼育するごっこ遊びをする。お客さん役を呼んでも楽しい。

お店屋さんごっこ
自分で作れる物で、お店を開く。お店側になったり、お客さん側になったりして遊ぶ。

ヒーロー・ヒロインごっこ
変身グッズや剣、アクセサリーなどを作って身に着ける。観客を呼んで、ヒーローショーやダンスパーティーをしても盛り上がる。

簡単なルールの体を使った遊び

簡単なルールの遊びであれば、保育者の援助がなくても自分たちで遊びを進められる。体を十分に動かしながら、子どもどうしで遊ぶ楽しさを感じることができる。

おすすめの遊びや活動

氷おに
ルールを少し変化させて楽しむ。動きを止めるイメージが共有できるものであれば、氷だけではなく、忍術や魔法などにしてもおもしろい。

引っ越しおに
誰かの合図で陣地を引っ越す楽しさを味わう。ウサギやブタが引っ越すなど、子どもの興味や園の環境（飼育している生き物など）に合わせるとよい。

サッカー遊び
保育者の援助を受けながら、体を十分に動かし、チームで競い合うことを楽しむ。

クラスみんなで楽しむ遊び

この時期、「みんなで遊んだからこそ楽しかった」と思える活動にすることがもっとも大事。また、遊んでいる間、ずっと楽しみが続くことも重要になる。既存のルールに縛られずに、話し合ってルールを変更することも経験になる。

おすすめの遊びや活動

全員が座れるフルーツバスケット
人数分の椅子を用意して、当てはまる人全員が急いで席を替わる、というルールなら、座れない子が出ずに全員で楽しく遊べる。

座れなくても参加し続けられる椅子取りゲームのルールの工夫
座れなかった子も参加し続けられるようにルールを工夫する。たとえば、座れなかった子が四つんばいになって「子ども椅子」として椅子になるルール、常に全員が参加して椅子だけがどんどん減っていき1脚の椅子に何人座ってもよいというルールなど。

お正月遊び
フープを床に置き、マスにした巨大すごろくや、同じセットを複数用意して複数のグループで一斉に行うかるたなど、クラスみんなで行うお正月遊びを楽しむ。

5歳児 1期

不安と緊張期

経験をもとに新しい取り組みをし進級の喜びを味わう活動

☐ 緊張を和らげる遊びや関わり

緊張気味の5歳児でも取りかかりやすい遊び（4歳児のときの遊びややり方がわかりやすい遊びなど）を用意する。また、クラスに馴染みにくい子どもには、プライドに配慮しながら、クラスでの居場所をつくるよう関わる。

おすすめの遊びや活動

固定遊具

鉄棒で回る・うんていを渡る・ブランコを漕ぐなど、ある程度やり方が決まっていて、一人でもできる遊びで時間を過ごす。

簡単な仕事を頼む

物を運ぶ・机や椅子を並べるなど、活動の準備や片づけの際に、ちょっとした仕事を頼んでクラスのなかでの役割（居場所）をつくる。

クラスでの居場所をつくる集まり

「Aくんが○○してくれた」、「○○で困っている人がいる」など、クラスに馴染みにくい子どものプライドに配慮しながら、その子の関心事を話題にする。

☐ 生活習慣に課題を1つプラス

基本的な生活習慣が身についている5歳児は、通常の生活行動は自然に行える。そこに1つ課題をプラスすると、子どものやる気が増して、5歳児クラスになったという満足感が感じられる。

むすべた

おすすめの遊びや活動

自分のロッカーを決める

進級初日の朝、部屋に行くとロッカーに名前シールが付いていない。自分で場所を決めて、名前が必要なことを実感したうえでシールなどに名前を書き貼る。

今までしていない工程の経験

4歳児のときまではしていなかったことをする。例えば、巾着型の弁当袋だった場合は、風呂敷状の一枚布にしてもらい、「結ぶ」工程を入れる。

シールノートを使う

月日の概念がおおよそ確立する5歳児からシールノートを導入し、朝のルーティンに自分の出席確認を加える。

☐ 5歳児の役割が見える“仕事”

最年長児になったことがうれしい5歳児に、5歳児しかできない仕事を頼むと、喜びもやる気も倍増。内容は園の状況に合わせて設定し、「年長さんありがとう」と言われる場面を積極的につくる。

☐ 経験のある遊びをみんなでする

誰でも一度はやったことのある遊びをクラス全体でするのもよい。ポイントは、自由度と少しのプラスα。個々に自分を表現できて、ちょっとしたチャレンジがあると、安心して意欲を発揮できる。

テントウムシ!

☐ 新しい遊びにチャレンジする

5歳児クラスになったら使える道具、5歳児ならではの活動や取り組みなど、5歳児にとって、“初めての”“憧れの”遊びや活動がたくさんあるもの。そんな期待がしぼまないよう、展開や声かけに配慮する。

おすすめの遊びや活動

3歳児に園内を案内する
事前に教えたいことをリストアップしたうえで、3歳児とペアになって園内を案内する。園内地図を持って確認シールを貼るとわかりやすい。

5歳児が担当する生き物の世話
代々5歳児が担当している、園の生き物の世話。初めに順番を決めずに、子どもの「やりたい」に沿って担当や順番の決め方を工夫するとよい。

園全体に関わる役割
園全体に関わる役割を任せ、仕事ぶりを写真掲示などを使って園内で共有する。例えば、クラス別に牛乳を数えて、かごに入れて運ぶ仕事など。

おすすめの遊びや活動

砂場遊び
時間や方法の制限を極力なくして、自由に遊ぶ。これまで使っていなかった道具（大きいスコップや長い雨どいなど）を使う。

斜面登りチャレンジ
公園などにある急な斜面を全身を使って登る。四つんばいで泥まみれになりながら、ずり落ちたり、木の根につかまったりしながら必死に登る。

虫探し（散歩）
「○○を見つける」と目的をもって行く。これまで行ったことのない場所に行くのもおもしろい。

おすすめの遊びや活動

絵の具（個人別）
5歳児になって初めて使う自分の絵の具で思い思いに色を出して描く。事前の使い方の説明が長すぎないよう注意したい。

こいのぼりの共同製作
材料や形状が多様なこいのぼり作り。子ども一人ひとりの思いが、どれだけ反映されているかを意識する。

プレゼント作り（お手伝い券）
ファミリーデーに保護者への思いを表現する方法として、物でなく行動（お手伝い券）を提案する。保護者がしていることにも思いを巡らせるきっかけにつながる。

この期に経験したい遊びや活動

見通しをもって積極的に行う遊びや活動

☐ 遊びをおもしろくしようと友達と試行錯誤する

体を思い切り動かして発散しながら、仲間とルールのある遊びを楽しむ。より遊びをおもしろくするために、人数配分を考えたり、勝ち負けにこだわったりして、試行錯誤しながら遊びを進めていく。

おすすめの遊びや活動

どろけい
警察役の動きに敏感に反応し、隙を狙って仲間を助けたりするなど試行錯誤しながら、ルールのある遊びを楽しむ。

氷おに
いかに捕まえられないように走るかを考えたり、鬼の動きをよく見て、仲間を助けるチャンスを狙ったりしながら楽しんで遊ぶ。

リレー
人数を確認したり、並ぶ順番を考えたりして、勝ち負けにこだわり何度も繰り返し行うなど、仲間と一緒に遊ぶ楽しさを感じながら意欲的に取り組む。

☐ 友達の姿に刺激を受けて、自ら何度も挑戦する

友達の遊んでいる姿に関心をもち、「自分もできる」「Aちゃんのようにやってみたい」と、自分なりの目当てをもって自ら何度も繰り返して挑戦する意欲的な姿が見られる。

おすすめの遊びや活動

鉄棒
前回り・逆上がりなど、友達の様子をよく観察して、自分もまねしながらコツをつかみ、できるようになるまで何度も繰り返し挑戦する。

縄跳び
身体能力が高まり、できることが増えてくる。友達や保育者に認めてもらうことで自信をもち、自分なりの目標をもって何度も諦めずに挑戦する。

製作遊び
友達の取り組みに刺激を受けて、まねしてみたりヒントを得たりしてイメージを広げ、よりよい物を作ろうと工夫しながら長時間取り組む。

☐ 気の合う友達と会話しながら イメージを共有して遊ぶ

気の合う仲間と誘い合って遊び、「昨日の続きね！」と会話をしながらどんどんイメージを共有して遊びを広げ展開する。遊びの楽しさを感じ取りながら、何日も継続して遊ぶ姿が見られる。

いらっしゃいませ

☐ 目的に向かい、役割分担して みんなで活動に取り組む

目的に向かって、自分の考えを伝えたり、相手の話を聞いたりしてアイデアを出し合い、イメージの共有や共感することを楽しむ。そのなかで、自分のやりたい役割を決め、分担して活動に取り組んでいく。

カードを作る人　　年下の子を案内する人　　一緒に葉っぱを探す

☐ 身の回りの事柄に興味・関心 をもち、思考を巡らせる

自分の思いを実現させるために試行錯誤するなどして、「どうしたらいい？」と思考を巡らせる。また、不思議に感じたことや興味のあることについて自分で調べようとする。

おすすめの遊びや活動

お店屋さんごっこ
自分たちの作った物でお店屋さんごっこをしようと話し合い、なにが必要かを考え、アイデアを出し合ってイメージを共有して行う。

警察ごっこ
泥棒と警察のストーリーを会話しながら考え共有し合い、遊びに必要な物を作ったり役割の分担をしたりして、工夫しながら遊びを進めていく。

ショーごっこ
本物のショーに近づけるため、自分たちの知っている知識を伝え合ってイメージを共有し、お客さんを招くための必要な準備を相談しながら行う。

おすすめの遊びや活動

年下の子たちと葉っぱ探し
園庭や公園にある葉っぱのカードを作り、出題者が選んだカードと同じ葉っぱを探す。カードを作る人、出題する人、カードや図鑑を持って探す人、年下の子を案内する人など役割分担をしながら進める。

おばけ屋敷ごっこ
数人から発生した遊びがクラス全体での遊びへと発展することもある。発想やアイデアが豊かで意欲的だが、まとめることは難しいので、先の見通しがもてるよう、保育者の援助が必要。

おすすめの遊びや活動

砂場遊び
砂場に水を流し、友達と道具を使って工夫しながら、水の流れを考えたり水の勢いを変えたりと予測しながら遊ぶ。

うまくいかない経験
接着したい物がセロハンテープでははがれてしまうときなど、どうしたらよいかを考え、代用できる物を使うなどして工夫する。

調べる活動
興味をもった動植物などについて、絵本や図鑑で調べ、みんなに調べたことを伝える。友達が調べたことも聞き、さらに興味・関心を高めていく。

自己主張しながら、いろいろなことに興味をもって遊ぶ

☐ ルールのある遊びを継続して楽しむ

　遊びをおもしろくしようと、友達と相談してルールを決め、遊びのルールを理解しながら楽しめるようになってきた。ルールの意味がわかり、ルールがあるから楽しいと考えるようになってくる。

おすすめの遊びや活動

ドッジボール
保育者と一緒にルールを確認しながら勝ち負けを楽しむ。ボールをよけることや瞬時にボールをキャッチするなどして、身のこなしを身につけていく。

バナナおに
鬼にタッチされるとバナナになる。鬼にタッチされても味方に3回タッチされるともとに戻れるルールを理解して、相手の動きを見ながら、予測して走る。

3人で宝さがし
1グループあたり3人で、2チームでのチーム戦。宝を隠す・探すをチームで協力して行う。時間を決めて見つけた宝の数で勝敗を決める。

☐ 社会事象や自然の変化などに気づき探求する

　事象や自然の変化など、さまざまなことに気づき、いろいろな遊びにも取り入れる。遊びのなかで、知的好奇心も高まる。文字や数を遊びに取り入れることもある。

おすすめの遊びや活動

影遊び
太陽の動きによる影の変化に気づき、園庭で影遊びをする。作ったステンドグラスを窓に貼り、床に映る影の色を楽しむ。

メダカや金魚を飼う
水族館に遠足に行ったあと、魚に関心をもち、アジやイワシなどの実際の魚で感触や形態を確かめる。話し合ってメダカや金魚をクラスで飼う。

野菜作り
どんな野菜が食べたいか話し合い、野菜の種類によって植える時期が違うことを知り、図鑑で調べて店に買いに行く。毎日世話をして育てる。

☐ 友達や保育者の役に立ちたい 気持ちが生まれる

　互いの個性がわかり、心情もわかってきている。そのようななかで、遊びや生活を進め、友達や年下の子ども、保育者の役に立ちたいという気持ちが出てくる。

☐ 自分の考えや思いを クラスのなかで伝える

　言葉の表現が豊かになり、多様な考えを理解し、話す楽しさを味わうようになる。遊びのなかだけでなく、友達の考えや意見を聞く時間をつくっていく。

☐ 相談したり、工夫したり しながら継続して遊ぶ

　遊びや行事などで、少し先を見通して、友達と話し合いながら目的をもった活動を行う。個々の主張をどうにかまとめようとする姿が少しずつ見えてくる。

おすすめの遊びや活動

ごっこ遊び
ストーリーに応じたごっこ遊びをしながら、友達と伝え合って、役になりきる楽しさを味わう。互いの個性を出しながら遊ぶ。

果物を収穫して全クラスに配る
園庭で実ったイチジクやブルーベリーなどを、5歳児クラスが代表して収穫し、全クラスに配る。またジャムを作っておやつに食べてみる。

夏祭りでお店を開く
5歳児クラスがチケット制で製作物などを販売する。年下の子たちの様子を見ながら、わかりやすい言葉で伝えたり、買い物を手伝ったりしながら販売する。

おすすめの遊びや活動

誕生会で友達に質問する
誕生会で友達に自分で考えた質問をする。発表を聞くことで、友達により親しみを感じることができる。

当番の仕事を話し合って決める
今まで行っている当番の仕事について話し合う。なんのために、なにが必要かを、今までの経験を踏まえて話し合い、当番の仕事を決めていく。

降園時の話し合い
今日楽しかったことや困ったことを、クラスで発表する。友達の話をよく聞くことで、その友達の思いを知ることができ、自分の意見も伝えられる。

おすすめの遊びや活動

発表会でのダンスを決める
踊る曲を決めて、グループで振り付けを考える。タブレット端末で自分たちで映像を見て、踊り方を決めていく。

遊びに使う物を作って使う
遊びに使う物をより本物らしく作っていく。保育者は、多様な物（道具・素材・廃材など）を準備し、試行錯誤できる環境設定をする。

ひらがなカード遊び
ひらがなの文字のカードを選び、工夫して言葉をつくっていくゲームを楽しむ。

この期に経験したい遊びや活動

仲間意識の深まるなかで、友達と協同して遊ぶ

☐ 体を使って意欲的に遊ぶ

体力がつき、身のこなしもスムーズになり、体を動かす遊びに持続性が見られるようになってくる。より難しいことにも意欲的に挑戦し、友達とも競い合いながら楽しむ。

おすすめの遊びや活動

鉄棒
前回り・逆上がり・足かけ回りなど、友達をまねながらコツを覚え、四肢をしなやかに動かす。達成カードを作り、できたことにシールを貼って意欲につなげる。

公園の急坂登り
近くの公園に行き、傾斜が急な坂に、番号の旗（1〜5）を立て、番号順に登ったり下りたりして楽しむ。登ったら、駆け下りたり、段ボール板をお尻の下に敷いて滑ったりすることに挑戦してもおもしろい。

ドッジボール
ボールを瞬時にキャッチしたり、ボールに当たらないようによけたりして、ルールのあるおもしろさや勝ち負けを楽しむ。時には友達と作戦をたてることも楽しむ。

☐ 活動をより深めていく 話し合い

友達と1つのテーマを共有しながら、それをやり遂げるにはどうしたらよいか、自分の考えを伝えたり相手の話を聞いたりしながら、いろいろなアイデアを出し合い、方法や役割を決めていく。

おすすめの遊びや活動

運動会の係を決める
道具を運ぶ・かけっこのゴールテープを持つ・小さい組の子どもが並ぶときの手伝いの係を決め、当日張り切って係を楽しむ。

遠足に行く公園のコースを考える
グループの友達と公園の地図を見ながら、回るコースを考えたり、知っている情報を教え合ったりする。

劇遊びの準備をする
友達と劇に必要な小道具を考えて作ったり、背景の絵を相談して描いたりする。

☐ ルールをつくって遊ぶ

自分たちの遊びに合ったルールを考えたり、メンバーの状況に合わせて、みんなが楽しめる方法を考えたりする。

小さい子は安全地帯に入れるよ！

☐ 社会生活との関わりを遊びに生かす

家庭や地域など社会生活での経験は、その場にふさわしいマナーや公共ルールを学ぶ機会。さまざまな人との出会いや触れ合いは豊かな経験となる。また、そこでの学びや経験がごっこ遊びに発展することもある。

ぼくたちも作ろう！

わっしょい　わっしょい　祭　祭

☐ 物のしくみや成り立ちを考えながら作って遊ぶ

「なぜ？」「どうして？」と、思考を巡らせながら物を作って遊ぶ。物の性質やしくみを知り、友達と刺激し合いながらおもしろい物を作る。

ここまっすぐ折るとよく飛ぶ

おすすめの遊びや活動

おにごっこのアレンジ
追う・逃げるを基本としつつ、バリエーションを広げ、仲間と新しいルールを作ったりして、遊びを発展させる。

年下の子との触れ合い
この時期、床に絵を描こうとする年下の子どもに対し、紙を敷くなどして「この上に描こう」と呼びかける姿が見られる。規範意識を生かしながら、一緒に遊ぶことで関係も深まる。

自分たちのルールづくり
ルールをつくるうえで、見通しをもち、安全に気を配り、「ここでぶつかったら危ないね」などと話し合う。

おすすめの遊びや活動

地域の行事に参加する
地域のお祭りやイベントなどに参加し、マナーやルールを学びながら行事を楽しむ。

文字や標識を遊びに取り入れる
町で見るさまざまな文字や標識に興味をもち、意味を理解しようとする。それらを遊びのなかに取り入れる。

お祭りごっこ
家庭や地域でのお祭りなどの経験を遊びのなかで再現する。見た物を作ったり、出会った人の模倣をしてみたりして、仲間とともに楽しむ。

おすすめの遊びや活動

迷路作り
さまざまな材料を組み合わせながら、友達と協力して、複雑でおもしろい物を目指して作る。

紙飛行機
どうしたらよく飛ぶか、材料はなにがよいか試す。作って飛ばし、修繕し、性質やしくみを考えて試行錯誤しながらよりよく飛ぶものを目指して楽しむ。

リリアン編み
ごっこ遊びで役になりきるための持ち物を作るなかで、リリアン編みでマフラーなどを作る。編み機を手作りしても楽しい。

この期に経験したい遊びや活動

友達と話し合い、ともに充実して遊ぶ

☐ 数量や図形・文字への関心を高める遊びや生活

かるたやすごろく、こま回しなど、日本の伝承遊びに触れ、興味をもったり友達と楽しんだりする。文字や数へも興味をもち、自分で読んだり、数を比べることも楽しめる。

おすすめの遊びや活動

オリジナルかるた作り
文字への興味を高めたり、取ったかるたの枚数を数えることを楽しむ。

年賀状ごっこ
はがきを書いたり、郵便屋さんになって配達したりして遊ぶことも楽しめる。

カレンダー作り
カレンダーに各月の活動や自分たちが用意する物などを記入し、「明日は○○があるから△△しよう」と見通しをもつようになる。

☐ クラスのみんなでルールのある遊びを楽しむ

クラス全員で参加する、ルールのあるゲームを楽しめる時期。チーム対抗の遊びに興味をもち、ゲームをよりおもしろくしようと、話し合って自分たちでルールを決める。

おすすめの遊びや活動

ドッジボール
人数を合わせたり、ボールの動きを見極めて、さまざまな複雑な動きを楽しみながら、大人数で遊ぶことを楽しむ。

大縄跳び
大縄を跳びながら、さまざまな動きに挑戦する。「郵便屋さんの落とし物」「クマさんクマさん」「大波小波」など。

こま回し
友達と互いに刺激し合い、工夫したり、教え合ったりしながら、自分の目当てをもって技に挑戦する。また、遊びのルールを工夫することを楽しむ。

☐ できごとや自分の考えを 整理する言葉遊びや活動

　言葉での思考も深まり、「なので」「そして」「だから」などの言葉を用いて自分の考えを整理し、言葉で伝えることを楽しむ。

☐ 達成感を味わい、 自信につながるごっこ遊び

　子どもたちが自ら仲のよい仲間を集め、イメージや目的を共有し、問題を解決したり、気持ちの折り合いをつけたりしながら、目的を達成する経験ができるようにする。「みんなで楽しむ」雰囲気も味わう。

☐ 就学への期待を高め、 不安を和らげる

　友達関係が深まり、互いを思い合う気持ちが高まっている。子どもたち自身も、言葉による対話の必要性も感じている。小学校への期待や不安、園や友達への感謝を伝え合うことで、不安な気持ちが和らぐ。

小学校に行ってきます！

おすすめの遊びや活動

言葉遊び
伝言ゲーム・言葉つなぎゲーム（「豆腐は白い」→「白いはウサギ」とつなげる）・なぞなぞなどを楽しむ。

誕生会の企画運営
司会やアトラクション係などを分担し、実施することで自信をもつ。

当番活動の引き継ぎ
4歳児クラスの子と当番活動をするなかで、やり方を整理して、自分がやってきたことをわかりやすい言葉や動作で伝える。

おすすめの遊びや活動

お話の世界をつくる
自分でお話をつくったり、つくったお話を演じたり、ストーリーを自分たちで進めて楽しむ。

コンサートごっこ
歌やハンドベルなどで、それぞれが役割を担う。心を1つに合わせる心地よさを感じながら曲を披露し、感想をもらう。

お店屋さんごっこ
作りたいお店を子ども自身が考えて作る。子どもたちが作ったお店屋さんが集まり、"街"に発展していく。

おすすめの遊びや活動

小学校見学と小学校会議
小学校の教室やトイレなどを見せてもらうことで不安が和らぐ。5歳児が集まり"小学校会議"を開いて話し合うことも、不安を緩和する取り組みになる。

小学校ごっこ
ランドセルを作ったり、ノートを作ったりして小学生気分を味わい、小学校への期待を高める。

「ありがとうの木」
ボードに葉のない木を描く。花の形の画用紙に、5歳児が園や友達へのメッセージを書いて、ボードに貼っていく。「ありがとうの木」は毎年満開に。

監修・執筆 ※肩書きは執筆時のもの。

關 章信（公益財団法人幼少年教育研究所 名誉理事長、福島・福島めばえ幼稚園 理事長・園長）

兵頭 惠子（公益財団法人幼少年教育研究所 所員、元 神奈川・冨士見幼稚園・主任教諭）

髙橋 かほる（公益財団法人幼少年教育研究所 理事、帝京短期大学特任教授）

執筆 ※掲載ページ順。肩書きは執筆時のもの。

長瀬 恭子（神奈川・認定こども園中野幼稚園中野どんぐり保育園 教頭）

娉杉 真由美（埼玉・認定こども園しらゆり 副園長）

岩﨑 麻里子（東京・月かげ幼稚園 園長）

伊藤 ちはる（福島・福島めばえ幼稚園 副園長）

室井 眞紀子（東京・東京都市大学人間科学部人間科学科 准教授）

菊地 君江（元 神奈川・川崎ふたば保育園 園長）

水越 美果（元 神奈川・横浜隼人幼稚園 園長）

木暮 真紀（神奈川・冨士見幼稚園 主任）

佐藤 有香（千葉・和洋女子大学家政学部家政福祉学科 教授）

中野 圭祐（神奈川・國學院大學人間開発学部子ども支援学科 助教）

櫛渕 洋介（群馬・ちぐさこども園 園長）

小林 愛子（東京・戸山幼稚園 顧問、東京・東京教育専門学校 非常勤講師）

羽路 久子（東京・日本女子大学附属豊明幼稚園 園長）

桐川 敦子（東京・日本女子体育大学体育学部子ども運動学科 教授）

長瀬 薫（神奈川・認定こども園中野幼稚園中野どんぐり保育園 園長）

辻 澄枝（公益財団法人幼少年教育研究所 顧問、元 幼稚園教諭）

執筆協力 （P.8 〜 12）

森 陽子（福島・ひかりの子保育園 園長）

写真提供

福島・福島めばえ幼稚園、群馬・ちぐさこども園、埼玉・認定こども園しらゆり、東京・月かげ幼稚園、東京・戸山幼稚園、東京・日本女子体育大学附属みどり幼稚園、東京・東京学芸大学附属幼稚園小金井園舎、神奈川・冨士見幼稚園、神奈川・認定こども園中野幼稚園中野どんぐり保育園、神奈川・横浜隼人幼稚園、神奈川・認定こども園高木学園附属幼稚園

保育の事例で読みとく
3・4・5歳児の発達

2024 年 2 月　初版第 1 刷発行

監修／關 章信　兵頭惠子　髙橋かほる
編著／公益財団法人幼少年教育研究所　©Yosyoken 2024
発行人／大橋 潤
編集人／竹久美紀
発行所／株式会社チャイルド本社
　　　　〒112-8512　東京都文京区小石川 5-24-21
電話／03-3813-2141（営業）　03-3813-9445（編集）
振替／00100-4-38410
印刷・製本／共同印刷株式会社

ISBN978-4-8054-0326-6　C2037
NDC376　26×21cm　176P　Printed in Japan

★チャイルド本社のウェブサイト
https://www.childbook.co.jp/
チャイルドブックや保育図書の情報が盛りだくさん。
どうぞご利用ください。

STAFF

カバー・本文デザイン／有限会社フロッグキングスタジオ
撮影（表表紙・カバー袖）／渡辺鉄平
本文イラスト／中小路ムツヨ、にしだちあき、ヤマハチ
本文DTP／株式会社明昌堂
本文校正／有限会社くすのき舎
編集／西岡育子、田島美穂